集人文社科之思 刊专业学术之声

刊　　名：文化力研究
主办单位：广东开放大学文化力研究中心
主　　编：蓝　天

2020年卷

编辑委员会

顾　问：皇甫晓涛

主任委员：魏则胜

委　员：

蓝　天　王　俊　毛国民　李云飞
展　凯　徐国荣　段吉方　刘晓亮
李　支　李　鲤　李慧敏

副主编：毛国民　刘晓亮

编　辑：何　华　吴喜怡

总第2辑

集刊序列号：PIJ-2018-332
中国集刊网：www.jikan.com.cn
集刊投约稿平台：www.iedol.cn

广东开放大学文化力研究中心 主办

蓝天 主编

文化力 研究

2020年卷　总第2辑

社会科学文献出版社
SOCIAL SCIENCES ACADEMIC PRESS (CHINA)

主编简介

蓝天，先后毕业于安徽师范大学、北京师范大学、山东大学，文学博士，三级教授，现为广东开放大学文化传播与设计学院院长，广东开放大学文化力研究中心负责人，校学术委员会委员。获广东省"特支"名师、广东省教学名师、广东省南粤优秀教师称号，入选省高校"千百十"人才工程。兼任广东省非遗促进会副会长、广东省本科院校中文教学指导委员会委员、中国文化产业管理专业委员会理事。近五年来，先后在CSSCI期刊发表学术论文8篇，出版学术著作1部、教材6部，主持省级科研、教研课题5项，主持省级精品视频课程2门，主持省级重点专业1项。主持"创新强校工程"项目多项。

目　录

·文化哲学研究·

理性建构与自由扩展：人类文化演进的两个逻辑 ………… 魏则胜 / 1
中华传统审美观念的历史演进与文化价值 …………… 宋音希 / 38
传统法律文化的哲学基础和当代价值
　　——以论韩非子的法治思想为例 …………… 诸琦睿　刘田原 / 50

·金融文化研究·

文化金融的战略意义与发展逻辑 …………………… 韩顺法 / 70
金融深度合作支持粤港澳大湾区文化产业联动发展研究
　　……………………………………………… 陈孝明　吕柳坤 / 84
完善我国文化产业投融资法律体系的对策分析 ………… 李　支 / 97
艺术品融资担保的风险识别与防控 …………… 李　冬　陈梓彤 / 109

·文化产业研究·

城市文化力生产研究 ………………………… 周振华　朱文静 / 126
广州市近年文化产业政策回顾研究 …………………… 吴喜怡 / 143

我国高校文化产业人才培养研究综述 …………………… 张　红 / 153

广州建设"博物馆之城"的机遇与挑战 …………………… 李　俊 / 166

·文化媒介研究·

微信媒介的文化治理
　　——基于版权、谣言与色情问题的考察 ……… 王　焱　林梓萍 / 179

公共治理理论视野下的网络秀场直播监管 ……… 苏凡博　王心瑞 / 196

超越表征：数字时代跨文化传播研究的新视野
　　…………………………………………………… 李　鲤　吴　瑾 / 205

跨文化交际课程在远程教育领域的模式探索研究
　　——以《跨文化交际学》为例 …………………………… 童　妍 / 218

影视剧中的文化符号与认同构建研究
　　——以电影《照相师》为例 ……………………………… 龙靖宜 / 229

征稿启事 ……………………………………………………………… / 240

·文化哲学研究·

理性建构与自由扩展：人类文化演进的两个逻辑

魏则胜[*]

摘 要：人类文化的演进并不是无序的，以后见之明来看，是遵循一定的逻辑的。文章从理性建构与自由扩展这两个逻辑来分析人类文化的演进。文章先从反面介绍了反唯理主义的文化发展理论，进而自然引出理性发展理论。但有关人类文化演化的理性建构，出现过马克思与哈耶克之分歧。通过比较可知，人类文化的演进并非绝对的理性与自由，而是一种有限理性和相对自由。最后，指出先进文化的发展方式，也就是社会主义文化，并对社会主义先进文化的历史特性和基本标准进行了诠释。

关键词：文化发展理论；反唯理主义；马克思；哈耶克；社会主义先进文化

一 反唯理主义的文化发展理论

在西方哲学传统中，始终存在理性主义与非理性主义两大思潮的

---

[*] 魏则胜，华南师范大学马克思主义学院教授。

对立。以柏拉图和亚里士多德为代表的理性主义路线，延伸到近代，为笛卡儿、康德和黑格尔所继承并发扬光大，在德国古典哲学那里达到顶峰；以伊壁鸠鲁为代表的非理性主义，经过英国的休谟，再到叔本华、尼采，到现代西方哲学阶段达到高潮。在理性主义和非理性主义之间，还存在另一种思潮，就是"反唯理主义思潮"，它既不同于理性主义对科学和人的理性能力的无限追求，从而将社会置于理性的强大观照之下；也不同于非理性主义对人的感性的眷恋，从而将人类置于绝对自由和生命冲动的憧憬之中，因此，借用哈耶克教授的话来说，"反唯理主义"是存在于"本能和理性之间"，它保留了非理性主义对于个人自由的绝对追求，但是抛弃了非理性主义的本能、感性和狂热；它保留了理性主义对于知识和理性的重视，但是对于人类理性的自负和无限制的膨胀，以及对于过度理性化所产生的对于个人自由的威胁，抱有极大的警惕。因此，理性主义与反唯理主义的历史哲学和社会发展观存在重大分歧。在社会制度的设计上，理性主义强调人的理性对社会结构、秩序的型构作用，强调将社会历史的发展尽可能地置于理性的控制之下；但是，反唯理主义坚决反对理性主义的思路，认为这是人类对于理性的自负和对于知识的狂妄，对自己的智力有限性估计不足，同时极有可能滑向集权主义社会。因此，反唯理主义主张最小的政府和最大的个人自由，给予政府权力和公共理性明确的限制；在文化发展的方式上，反唯理主义认为，社会发展和文化的进化并不是人的理性设计的结果，而是人类自由、自在活动的产物，自由进化的文化成果要大于理性设计所能取得的成就。在20世纪，反唯理主义的主要代表人物是哈耶克和波普，尽管二人在某些问题上存在分歧，但是在重大问题上，二人是相呼应的。在反唯理主义看来，20世纪社会制度设计方法论的理性主义最典型的代表、自由社会最大的敌人，是马克思主义和社会主义理论与实践。

表面上看,哈耶克与马克思主义的分歧与论战是一种理论争鸣,实际情况却并非如此,在这个争论背后,是人类文化两大发展方式之间的紧张和竞争,一个是社会主义制度下的计划社会,另一个是资本主义制度下的自由竞争社会,两种社会分别采取了不同的制度设计推动社会的发展。在西方社会内部,不仅是"左派"人士与哈耶克论争,以凯恩斯为代表的"国家干预主义",也成了哈耶克的批判对象。因此,哈耶克与马克思主义之间的论争与抗辩,实际上反映了人类社会20世纪在选择社会制度设计方案和文化发展方式问题上的根本分歧。对于这一股影响巨大而深远的思潮,以及它对人类文化发展方式所造成的影响,我们有必要给予充分研究。

(一) 文化进化的方式是"本能和理性之间"的自由扩展秩序的开拓

反唯理主义的核心基本范畴是"自由扩展秩序"。它是指这样一种历史发展观念:"我们的文明,不管它的起源还是它的维持,都取决于这样一件事情,它的准确表述,就是在人类合作中不断扩展的秩序。这种秩序的更为常见但会让人产生一定误解的称呼是资本主义。为了理解我们的文明,我们必须明白,这种扩展秩序并不是人类的设计或意图造成的结果,而是一个自发的产物:它是无意之间遵守某些传统的、主要是道德方面的做法产生的,其中许多做法人们并不喜欢,他们通常不理解它的含义,也不能证明它的正确,但是透过恰好遵循了这些做法的群体中的一个进化选择过程——人口和财富的相对增加——它们相当迅速地传播开来。这些群体不知不觉地、迟疑不决地甚至是痛苦地采用了这些做法,使他们共同扩大了他们利用一切有价值的信息的机会,使他们能够'在大地上劳有所获,繁衍生息,人丁兴旺，物产丰盈'。"①哈耶克认为，这种"自由扩展秩序"的特点是：它是自由的，它不是人为的理性有意设计的结果，而是人类在社会进化过程中无意得到的秩序；它是优良的，它的优良是经过人类伴随着痛苦和不一定完全明白其意义的选择之后才被发现和认可的；它是不断扩展的，正因为它具有经过淘汰选择机制确立的优良品质，它得以保存，并不断得到越来越多的人的认同和采纳；它是人们通过后天学习与模仿获得的，而不是通过遗传延续的，这是它得以不断扩展的途径；这个秩序是有所指的，在前现代社会，它表现为自由贸易和商品经济，即资本主义的准备，在现代社会，它就是资本主义，一种意味着人的自由和物产丰富得到保证的社会制度，它与"建构理性主义"是对立的。

这种"自由扩展秩序"是如何可能的？为了驳倒所谓的"建构理性主义"，哈耶克必须给予"自由扩展秩序"的合法性以论证。哈耶克认为，"自由扩展秩序"之所以是可能的，根本原因在于它植根于人类文化进化的机制之中。人类文化进化，不是理性可以和可能设计的结果，也不是达尔文的纯粹生物学意义上的进化机制，而是介于"本能和理性之间"的发展模式。

1. 文化进化机制不是达尔文主义的机制

所谓"达尔文主义的机制"，是指达尔文所创建的以生物的生存竞争和自然遗传为进化方式的进化论，生物进化论出现后，被广泛用于解释各种社会发展现象，成为一种历史哲学的雏形，即"社会达尔文主义"。哈耶克认为，"文化进化（有时被称为心理-社会进化、超有机体进化或体外进化）的学说和生物进化学说虽然在某些方面有相

---

① 〔英〕F. A. 哈耶克《致命的自负》，冯克利、胡晋华等译，中国社会科学出版社，2000，第1页。

似之处，但他们并不完全一样"，"文化进化正像朱利安·赫胥黎所言，是'一个和生物进化极为不同的过程，它有自己的规律、机制和模式，不能单纯从生物学基础上加以解释'。"① 哈耶克认为，人的后天获得性特征，是不可能通过生物体的遗传机制延续的，文化发展所需要的"遗传机制"，是人们在学习中逐渐掌握的。文化的进化，不仅通过生理上的双亲，而且通过无数的"祖先"，向个人传递各种生活习惯和社会信息，这个过程，是人的学习和模仿的过程。在这里，哈耶克完全排除了文化的生理遗传可能，而把文化进化看作代际学习和"集体选择"的结果。

尽管文化发展方式不是达尔文的生物进化机制，但是，文化进化与生物进化之间有很多共同之处。第一，无论是生物的进化还是文化的进化，都是对不可预见的事情、无法预知的环境变化不断适应的过程，它们都遵循自然选择原理，即"优势理论"，只有在社会生存和自然繁殖活动中占有优势，才有存在和发展的可能。因此，"不但所有的进化都取决于竞争，甚至仅仅为了维持现有的成就，竞争也是必要的"。② 第二，无论是生物进化还是文化进化，都不承认"进化规律"和"无可避免的历史发展规律"，文化的结果是多变的，没有什么因素可以最终决定文化进化的结果。在哈耶克看来，文化进化的规律，就在于"没有规律"。这种观点在我们看来似乎很难接受，但它却是哈耶克"自由扩展秩序"合法性论证的关键命题。

2. 文化进化机制也不是"建构论理性主义"的机制

所谓的"建构论理性主义"，是哈耶克用来称呼与社会主义理论相关的一种方法论，即认为文化进化应该而且可以由人类的理性能力

---

① 〔英〕F. A. 哈耶克：《致命的自负》，冯克利、胡晋华等译，第23～24页。
② 〔英〕F. A. 哈耶克：《致命的自负》，冯克利、胡晋华等译，第25页。

来设计和控制，制度和秩序的生产应该遵循理性的要求。既然文化进化不是达尔文的生物进化论机制，那么它是人为的结果吗？哈耶克的回答是否定的，因为人类的智力不可能设计文化进化的路线，更不可能决定文化进化的未来。"我主要关心的是文化和道德的进化、扩展秩序的进化，它一方面（我们就会看到）超越了本能，并且往往与它对立；另一方面（下面我们也会看到）它又不是理性能够创造和设计的。"①

第一，人类的理性能力是文化进化的结果而不是文化进化的原因。"智力不是文化进化的向导而是它的产物，它主要是以模仿而不是以见识和理性为基础。"哈耶克认为，在人类生活中起重要作用的人的智力，不是以人的理性所能够产生的，而是人在文化环境中通过模仿和学习，即文化对人的教化而产生的。理性本身也是文化进化的结果，"我们的理性就像我们的道德观念一样，是一个自然选择的进化过程的产物"，② 因此，理性并不具有更高的社会检验者的位置，社会制度、秩序和道德是否正确，不是由理性来检验和决定的，而是由文化的进化来进行取舍的。理性与文化的关系，是客体与主体的关系，而不是相反。

第二，人类的理性能力是有限的，它不可能决定人类历史发展和文化进化的过程。"一如我们所知，人类经由一些过程而达致了并非任何个人所设计的亦非任何个人所理解的各种成就，而且这些成就的伟大程度也确实是个人心智所无力企及的。"③ 但是，人类对于自己的理性能力的边界并不一定具有正确的估计，常常把自己看得过高，试

---

① 〔英〕F. A. 哈耶克：《致命的自负》，冯克利、胡晋华等译，第19页。
② 〔英〕F. A. 哈耶克：《致命的自负》，冯克利、胡晋华等译，第17页。
③ 〔英〕F. A. 哈耶克：《个人主义与经济秩序》，邓正来译，生活·读书·新知三联书店，2003，第43页。

图设计和决定他人和总体的进化过程，为社会提供一整套政治、经济和道德秩序的蓝图，这样做的结果，不仅损害个人自由，而且给社会带来灾难。"只要社会受到控制和指导，那么社会的发展就会受到控制或指导它的个人心智所具有的力量的限制。如果现代心智妄自尊大，不尊重不受个人理性有意识控制的任何事物，而且也不知道在哪里及时止步，那么我们就完全可以断言说，一如埃德蒙·伯克（Edmund. Burke）告诫我们的那样，'我们的视阈即我们周遭的一切都将不断地萎缩，直至把我们的所思所虑最终限制在我们的心智所及的范围之内'。"①

3. 文化进化的方式，是在"本能和理性之间"

一方面，文化进化不是动物的本能所能达到的，文化的进化和社会发展需要对人的本能加以一定的限制和改造；但另一方面，文化进化也不是理性所能控制的。那么在"本能和理性之间"到底是什么呢？那就是经过人类生存与发展需要检验和选择的"自由扩展秩序"：它是习俗和传统，也是以道德和制度形式出现的社会秩序。自由扩展秩序不是出自直觉，也不是出自理性的理解力，而是在人类社会长期的发展过程中缓慢演化而来的，通过人们之间或代际的模仿和学习得以延续和扩展。"通过学习得到的道德规范和习俗日益取代了本能反应，但这并不是因为人利用理性认识到了它们的优越之处，而是因为它们使超出个人视野的扩展秩序之发展成为可能，在这种秩序中，更为有效的相互协调使其成员即使十分盲目，也能够养活更多的人口并取代另一些群体。"② 也就是说，文化进化是超越人的本能的，也是超越个人理性的。这与人是否有理性无关，哈耶克只是认为，文化进化

---

① 〔英〕F. A. 哈耶克：《个人主义与经济秩序》，邓正来译，第43页。
② 〔英〕F. A. 哈耶克：《致命的自负》，冯克利、胡晋华等译，第21～22页。

的现状不是个人理性所能理解和设计的，文化进化的未来也不是人类理性所能预测和控制的。人有理性，但是它不是可以无限干预文化进化路线和结果的理性。

（二）扩展秩序使文明成为可能

文化，由于具有宏大的空间，它不是个人理性所能完全理解和控制的；文化的未来，也不是某一个时代的人类智力所能预测和设计的。人类有理性能力，但是，理性能力是文化进化的结果，它与文化共同发展，它不是高高在上的文化的发号施令者和文化的判官。那么，使文明成为可能的，是什么样的文化进化方式呢？哈耶克认为，就是某种优良秩序的自由扩展。在人类文明的开端，各个不同的地域、民族，形成了各自的习俗、习惯、制度、秩序以及传统，但并不是每一种文化都能够最终战胜困难，在经历严酷的淘汰选择机制后能存在下来，在空间上扩展，在时间上延续。在人与人之间和民族之间，通过学习、模仿和对这些优良秩序的遵循，这些民族和适应了扩展秩序的人们得以发展壮大，繁衍生息。文明，就是这样发展的，文化，就是这样进化的。决定一种秩序能否成为自由扩展秩序，并不断在时间和空间扩大征服的地盘的因素，是这种秩序或者说文化模型是否符合人类生存与发展的需要，是否具备与其他文化模型的比较优势。在文化模型的比较之中，人们选择优势秩序，淘汰劣势秩序，这个过程，就是秩序的扩展过程。扩展的结果就是文化的发展进化。因此，文化进化的方式，不是纯粹生物进化论的无意识方式，也不是"建构论理性主义"的方式，而是在"本能和理性"之间的优良秩序的不断扩展。在哈耶克看来，与"建构论理性主义"相比，扩展秩序具有自身的特殊优势，它不仅能够取得更大的文化进化的成果，而且可以避免"建构论理性主义"文化进化方式有可能产生的灾难。

文化的进化，已经显现了扩展秩序的面貌。在哈耶克看来，到目前为止，使人类文明成为可能的扩展秩序，就是"资本主义"，资本主义就是由市场竞争和自由贸易发展而来的。与建构论理性主义所主张的"计划经济"相比，资本主义市场经济具有很多优势，正是这些优势，使得资本主义最终从各种文化因素中脱颖而出。

哈耶克认为，计划经济可以授权中央政府掌管生产资料和生活资料分配，但是如何做到在全社会进行财富的"公正分配"，将是计划经济无法克服的道德难题；然而资本主义市场经济不会有这样的困境。"因为除了让产品在竞争性市场中进行分配之外，尚不知有什么其他方法能够告诉个人，他们该为各自的努力确定什么方向，才能为总产量做出最大限度的贡献。"①

市场经济具有完备的"经济信息收集制度"。例如，如何将资本合理投资，以获得最大的产品价值，对于这个问题，那些投资人在自己所处环境下做出的判断，比任何政治家或立法者为他做出的判断都要优越。"现代经济学解释了这种扩展秩序能够产生的原因，以及它自身如何形成了一个信息收集的过程，它能够使广泛散布的信息公之于众并使其得到利用，这些信息不用说哪个个人，即使是任何中央计划机构，也是无法全部知道、占有或控制的。""像市场这种信息收集的制度，使我们可以利用分散而难以全面了解的知识，由此形成了一种超越个人的模式。"②

相对于市场经济机制而言，建构论理性主义设计的计划经济，缺乏市场经济的信息收集制度，它将社会资源集中控制，将个人判断与决策排除在外，因此计划经济无法处理复杂的投资与分配问题。"任何人都根本不可能知道人们在这种计划中所能够动用的资源总和，

---

① 〔英〕F. A. 哈耶克：《致命的自负》，冯克利、胡晋华等译，第2页。
② 〔英〕F. A. 哈耶克：《致命的自负》，冯克利、胡晋华等译，第11页。

因此对这些资源不可能进行集中控制。"因此,"不知道的也是不能计划的"。①

当资本主义在西方取得重大发展成就的时候,在奉行"建构论理性主义"方法论的国家,文明的发展却被阻碍了。"其中最显著者莫过于中华帝国,在一再出现的政府控制暂时受到削弱的'麻烦时期',文明和精巧的工业技术获得了巨大进步。但是这些反叛或脱离常规的表现,无一例外地被国家的力量所窒息,因为它一心只想原封不动地维护传统秩序。"②哈耶克甚至自豪地宣称:是因为资本主义,无产者才能够活下来,像俄罗斯这样的国家,是要靠西方国家维持其国民的生存的,"只要我们成功地维持并改进使扩展秩序成为可能的私有财产基础,我们就能养活目前包括共产主义国家在内的世界人口。"③

(三)"建构论理性主义"的错误序列

在哈耶克看来,市场经济、资本主义和"真个人主义"④是扩展秩序的体现;计划经济和集体主义是建构论理性主义的产物。人类文明的历史证明,扩展秩序具有建构论理性主义方法论所无法拥有的优势。但是,建构论理性主义却依然信徒众多,影响巨大,得到很多知识分子的拥护,这种现象的根源,在于"建构论理性主义"有着非常深远的理论渊源。在对建构论理性主义方法论进行实证批判后,哈耶克从哲学基础上解析"建构论理性主义"。

"建构论理性主义"的古希腊哲学来源是亚里士多德。他虽然是个伟大的哲学家,却陷入了"哲学家的盲目性"。在亚里士多德看来,人类活动遵循的一切秩序,都是人们的理性对个人行为专门加以组织

---

① 〔英〕F.A.哈耶克:《致命的自负》,冯克利、胡晋华等译,第96页。
② 〔英〕F.A.哈耶克:《致命的自负》,冯克利、胡晋华等译,第32页。
③ 〔英〕F.A.哈耶克:《致命的自负》,冯克利、胡晋华等译,第150~151页。
④ 在哈耶克看来,个人主义有"真个人主义"和"伪个人主义"之分,另文详论。

的结果。托马斯·阿奎那继承并发展了亚里士多德的学说，使欧洲中世纪的宗教统治者的商业态度，成为彻底的亚里士多德主义。在近代，建构论理性主义则由于"唯科学主义"和"启蒙运动"的发展而开始向扩展秩序的价值观和制度论发起挑战。笛卡儿等人为理性的统治地位做了合法性论证，型构了现代思维的理性主义传统。卢梭的思想深处，有着对笛卡儿深深的依恋，他虽然要人们追求自由，但是，他要人民抛弃那些使他们不自由的规则，而不管这些规则的价值以及它们是不是扩展秩序的成果，然后依靠人类的本能征服世界。哈耶克认为，卢梭的言论，是理性主义自负的主要来源，圣西门、马克思的社会主义理论，是建构论理性主义的新形式。让哈耶克感到费解而又担忧的是，在20世纪，西方社会的主流知识分子都有可能是理性主义者或社会主义者。"我们在治理阶梯上攀登得越高，我们越是与知识分子谈话，我们就越有可能遇到社会主义信念。理性主义者大多数有可能既聪明又很有学识，而聪明的知识分子大多倾向于成为社会主义者。"[①]为什么会出现这种现象？个中缘由，是很值得深思的。难道这些知识分子都是错误的吗？但是在哈耶克看来，这种现象的存在，肯定是对资本主义文明的威胁，是对扩展秩序的严重挑战，是一定要对之口诛笔伐的。

与建构论理性主义传统相对立的，是反唯理主义知识传统。哈耶克认为，这个知识传统追求的是"真正的个人主义"，它们主张个人自由和民主，反对国家和政府以"公意"的形式压迫个人，最理想的社会状态是"最小的政府、最大的自由"。显然，这个知识传统的价值观和方法论，正是哈耶克反复论证和辩护的"扩展秩序"的体现。"真个人主义"与反唯理主义是一个问题的两个方面，反唯理主义必

[①] 〔英〕F. A. 哈耶克：《致命的自负》，冯克利、胡晋华等译，第57页。

然导致真个人主义。这个知识传统,从洛克开始,然后是休谟、孟德维尔、亚当·斯密以及托克威尔和阿克顿勋爵等人。大卫·休谟有句名言被哈耶克当作反唯理主义方法论的理论基础:"我的工作起点,完全可以用休谟的一个见解来表示,即'道德准则……并非我们理性的结果'。"① 休谟提出了一个著名命题,即"真理与价值"的关系问题,他将道德建立在同情等人类情感的基础上,而反对将道德看作理性推论的结果。亚当·斯密首创了"经济人"概念,认为"经济人"在市场这只"看不见的手"的支配下,为各自利益而奋斗,动机利己,却能够"结果利他"。"经济人"假设的理论本质,是将社会发展基础奠定在人的自发性行动和个人自由的基础上,而不是通过政府权力。托克威尔和阿克顿勋爵则是坚定的民主斗士,要求将国家权力的强制,限定在一定范围之内。

从上述两个知识传统中成长起来的,一个是"建构论理性主义",另一个是"反唯理性主义"。前者的社会发展哲学表现为集体主义和计划经济,即"方法论整体主义";后者则表现为个人主义②、自由竞争的市场经济和维护个人自由的民主制度,即"方法论个人主义"。认为只有以"反唯理性主义"击退"建构论理性主义",扩展秩序才能够自由扩展,人类的文明才能够取得更大成就,这就是哈耶克的结论。

二 马克思还是哈耶克:理性丛林中的自由之路

马克思和哈耶克两大思想体系的交锋,必将成为人类思想史上的

---

① 〔英〕F. A. 哈耶克:《致命的自负》,冯克利、胡晋华等译,第4页。
② 此处"个人主义"术语专指哈耶克所论述的"真个人主义"。

大事件。这场长久的"建构论理性主义"与"反唯理主义"的认识论、价值观与方法论之争,大大地推动了社会发展观念和历史哲学的发展,使人类有可能避开思维的陷阱,不至于陷入自以为是的极端化的观念幻想中。无论人们给予马克思和哈耶克什么样的赞誉或诋毁[①],作为这一场持久争论的赢家,不是他们之中的任何一位,而是人类社会。但是,如果没有深入研究唯物史观和自由主义理论,就有可能因为意识形态的立场和思维的"洞穴化"而给予这两大理论及其谱系以简单的肯定或否定,这不仅违背了基本的学术公正,也不利于思想文化的进步。我们在详细分析了马克思主义唯物史观和哈耶克的自由主义历史哲学之后发现,二者具有令人印象极为深刻的分歧,但是二者的分歧背后所隐藏的共识,同样是令人惊讶的。

(一) 唯物史观与哈耶克历史观的同一性

1. 考察人类历史发展的起点是现实的社会生活和现实的人的实践

唯物史观认为,考察人类历史,不能在思辨的哲学或宗教领域,而应从人类的现实生活出发,将人类的生命的生产与再生产作为历史的起点,物质生产、人口的生产以及由此形成的家庭关系和交往关系,是人类历史的开端。"在思辨终止的地方,在现实生活面前,正是描述人们实践活动和实际发展过程的真正的实证科学开始的地方。"[②] 作为经济学家,哈耶克考察人类历史的起点,是"扩展秩序","扩展秩序"的实质,也就是人类在生存和发展过程中形成的某种优良秩序,它的发展和延续使文明成为可能,市场、交换和自由贸易,就是"扩展秩序"的开始。哈耶克认为,现代文明的独特基础形成于古代地中

[①] 在我们看来,马克思和哈耶克是不可同日而语的,但是作为一个划时代的经济学家和诺贝尔奖获得者,哈耶克绝非浪得虚名。在思想的对话和碰撞中,思维是平等的,在这个意义上,我们将马克思与哈耶克相提并论。

[②] 《马克思恩格斯选集》(第1卷),人民出版社,1995,第73页。

海周围地区，因为那里有自由贸易，贸易是"自由、财产和公正的起源"。由此可见，在理论的逻辑起点上，唯物史观与哈耶克的自由主义，都是从人类的物质生活出发的。所不同的是，唯物史观更为本体化，从生命的开端进行理论演绎；哈耶克则更为实践化，直接从生产活动的中间环节，即"产品交换"或自由贸易这个环节开始考察历史的开始。但是，二者的出发点，都是人类的物质资料的生产，可以说，正是由于这个特征，哈耶克的历史观的起点，是唯物主义的，尽管他本人不一定明确意识到或不愿意承认这一点。当哈耶克在指责"经济决定论"时，没有注意到自己也是从经济活动开始考察人类文明的发展轨迹的。这只能说明，要将历史观建立在科学的基础之上，那么它的世界观基础，只能是唯物的，而不可能是唯心的。

2. 生产力的进步以及生产力与生产关系的矛盾演化是历史发展的动力

唯物史观认为，人类社会的历史起点在于物质生产，物质生产力的进步是社会进步的根本动力；生产力的发展最终导致生产力与交往关系之间的矛盾，当矛盾发展到一定程度，生产力必将冲破交往关系的外壳，为自己开辟新的道路。到目前为止，没有任何一种思想体系，可以令人信服地驳倒这个论断，因为这个唯物史观的核心观点，是对人类历史发展过程的真实概括和高度抽象的理论再现。哈耶克等人虽然在"反唯理主义"的口号下试图解构唯物主义，但令人惊奇的是，哈耶克的理论竟成为唯物史观的一个非常准确的注解和"经济事实论证"。

哈耶克历史哲学的核心范畴是"扩展秩序"，那么，"扩展秩序"是什么，它又是如何得以"扩展"的呢？哈耶克认为，所谓"扩展秩序"，就是在人类的发展过程中逐渐形成的某种制度、规范、道德、习惯构成的社会秩序体系，它的基础是市场、交换和自由贸易，它的扩展途径是人们之间的模仿和学习，它的扩展可能在于它的相对优势，即相对于其他社会秩序系统，它能够为人们带来更多的物质财富和更大的文明成果。社会秩序之间始终存在竞争，优胜劣汰使某种秩序最终成为"扩展秩序"。从哈耶克的论述来看，所谓"扩展秩序"，就是以生产关系为基础的交往关系的规范化形式。但是，这些关系规范的发展命运，不是由自身掌握，而是由关系规范的"结果"来掌握，也就是说，如果一种关系规范，无法给人们带来"人丁兴旺、物产丰盈"，那么它就不可能得到人们的认可，从而被更为先进的关系规范代替；相反，如果一种关系规范能够给人们带来物质生产的繁荣、市场的扩大，即生产力的进步，那么它就有可能战胜其他社会秩序规范从而成为"扩展秩序"。所以，从交往关系的发展来看，"扩展秩序"遵循的是"生产力的决定性"原则。当然，哈耶克的认识还没有达到唯物史观的高度，或者他有意识地与唯物史观拉开距离，但是只要他是位严谨的经济学家和哲学家，他就不能置人类历史发展的基本事实于不顾而自言自语，构造一个虚幻的历史哲学论纲。"扩展秩序"作为哈耶克历史哲学的核心范畴，与唯物史观有着重大区别，但是在历史发展的基本动力问题上，"扩展秩序"成为唯物史观的一个经济学注解。

3. 资本主义在人类文明发展历史上的重大作用

毫无疑问，哈耶克是资本主义社会制度的坚决卫道士。他将"扩展秩序"的完成形式，定格为"资本主义"。"我们的文明，不管是它的起源还是它的维持，都取决于这样一件事情，它的准确表述，就是在人类合作中不断扩展的秩序。这种秩序的更为常见但会让人产生一定误解的称呼是资本主义。"[①] 但是哈耶克的"资本主义"，是自由竞

---

① 〔英〕F. A. 哈耶克：《致命的自负》，冯克利、胡晋华等译，第57页。

争的而非国家资本主义，是民主而非集权的资本主义，社会制度依据的原则是"方法论个人主义"而不是"方法论整体主义"。哈耶克认为，资本主义是人类发展和文化进化形成的"扩展秩序"，具有社会主义和奉行"建构论理性主义"国家制度无可比拟的优势，它给人类带来财富、繁荣等巨大的文明成就，甚至像苏联等社会主义国家的人口，都是要靠资本主义来养活的。在对资本主义的评价上，哈耶克表现出了"致命的自负"。

唯物史观从来就没有否认资本主义在人类历史上的进步作用。马克思和恩格斯指出，现代资产阶级是人类社会长期发展以及生产方式和交换方式系列变革的产物，在历史上，资产阶级曾经起过非常革命的作用。"它第一个证明了，人的活力能够取得什么样的成就。它创造了完全不同于埃及金字塔、罗马水道和哥特式教堂的奇迹；它完成了完全不同于民族大迁徙和十字军征讨的远征。""资产阶级在它的不到一百年的阶级统治中所创造的生产力，比过去一切时代创造的全部生产力还要多，还要大。"[1]

但是，唯物史观并没有在资本主义的成就面前收起批判的武器。在哈耶克几乎要宣布"人类历史终结"的地方，马克思和恩格斯看到的，却是人类社会的新起点。哈耶克的历史哲学，到了资本主义社会就停止了，而唯物史观却看得更为长远，对人类的未来寄予了更大的希望。在哈耶克不惜赞誉有加的资本主义社会面前，马克思和恩格斯找到的是资本主义的危机、缺陷和否定力量，以及人类的长久希望。

（二）唯物史观与哈耶克历史观的根本分歧

虽然哈耶克的真知灼见在很多重大问题上与唯物史观较为接近，

---

[1] 《马克思恩格斯选集》（第2卷），人民出版社，1995，第275、277页。

但哈耶克毕竟不是历史唯物论者,相反,他一直是作为唯物史观的对立面和批评者而著名的。他的历史哲学和文化哲学,与马克思主义的历史唯物论存在根本分歧。

1. "扩展秩序"论的实质,是历史的"欧洲起源论"和文化的"欧洲中心论"

按照哈耶克的"扩展秩序"理论,现代资本主义社会是起源于古代地中海地区周围,经过历史发展的检验、淘汰和选择,古地中海文化演化为现代资本主义文明,这个过程就是资本主义秩序在世界范围内扩展并最终征服世界的过程。其实,人类文化和历史是否起源于世界某个地方然后向全世界其他地区扩散的问题,在文化人类学领域早已是由实证科学和田野调查解决了的问题,文化人类学的成果已经证明,现代人类文明的发展是多中心、多元化的发展。法国社会学者列维-布留尔(Lucien Levy-Bruhl,1857~1936)把地中海文明当作人类文明的代表,而把其他文明尤其是中国文明当作没有开化的原始思维的体现,以十足的"欧洲中心论"否定人类历史和文化的多中心与多途径的发展方式,因此,李约瑟评论他的理论是"很难再找到一篇比这更误入歧途的文章了"。[①]

按照"扩展秩序"理论,现代资本主义制度是人类文明进化形成的最合理的,从而也是取得最后胜利的制度。由这个论断进行逻辑推理,必然产生两个问题。第一,如果只有资本主义制度有资格称为"扩展秩序",那么世界其他民族要想获得进步和发展,就必须通过"模仿和学习",按照资本主义的方式发展文化。如此一来,人类历史的发展最终只有一种模式是科学和合理的,那就是资本主义。第二,如果其他民族只能通过模仿和学习的方式,接受资本主义"扩展秩

---

① 〔英〕李约瑟:《李约瑟文集》,辽宁科学技术出版社,1986,第166页。

序",那么这些民族将永远处于欧洲资本主义文化世界的边缘和依附地位,从而牢固确立欧洲文化和资本主义制度无可撼动的中心权威。由此可见,按照"扩展秩序"的逻辑,不仅其他非西方民族的历史和文化价值沦为被动的次等公民地位,整个人类的未来命运,都全部寄托在资本主义这个"扩展秩序"之上,人类未来多种发展可能的空间,在理论上被彻底封闭了,"扩展秩序"论最终走向了不折不扣的"单线进化论"或"直线发展论"。①

2. 哈耶克的历史哲学,掩盖了资本主义发展的历史事实,以抽象的"扩展秩序",遮蔽了资本主义的具体历史

资本主义制度确实是人类历史的巨大进步,至今依然保持着旺盛的生命力,但是,资本主义的发展过程,真的是像哈耶克所说的那样,只是通过人类相互间的"模仿和学习"进行"秩序扩展"吗?事实远非如此。资本主义发展的历史,充满血与火的斗争,充满野蛮和暴力,人类为了得到今天的文明,付出了惨重的代价,资本主义向世界的扩展过程,就是殖民侵略和漫长的战争过程。资本主义的成果是值得珍惜的,但是它的过程是不应该再现的,人类的进步,正是建立在对野蛮发展方式的超越之上。自资本主义登上历史舞台后,世界不发达地区便逐渐沦为西方的殖民地,几百年间,非洲大陆便因为"贩卖黑奴"损失了约两亿的精壮劳力,美洲、亚洲国家一直到现在,还在承受着西方殖民侵略的历史灾难,20世纪两次世界大战,几乎置人类文明于死地。如果非西方国家现在要模仿资本主义秩序的"扩展",人类社会将是无法想象的状况。马克思曾经深刻地指出:资本主义的原始积累和再生产过程,伴随着对本国人民和世界人民的残酷剥夺,

---

① "单线进化论"和"直线发展论"是西方学者批评摩尔根和恩格斯的人类学理论使用的短语。

"……这种剥夺的历史是用血和火的文字记入人类编年史的"。① 资本主义今天的成就，无法掩盖发展过程中的灾难性记忆。如果没有马克思主义对资本主义的批判以及资本主义的自我改良和超越，就不可能有今天的成就，人类的未来之路，绝不能再现所谓的资本主义秩序的"扩展过程"。对资本主义始终保有辩证的批判态度，对于发展中国家来说是至关重要的。

3. 哈耶克的"自由主义"历史观，隐藏着导致社会倒退的可能

如果以一个词语表达哈耶克的历史哲学基本观点，那就是"自由"，"自由"在哈耶克的历史观领域，表现为自在和自发性，历史发展的方式，就是"在理性与本能之间"的"扩展秩序"的自发性扩展。哈耶克认为，社会主义思想及其实践，是将人类引向"奴役之路"，"建构论理性主义"方法论的最大问题，就是要将社会发展置于理性设计的秩序之内，而不是尊重"扩展秩序"的自由发展。而唯物史观对资本主义制度的批判焦点，正是资本主义制度的自发性和无政府状态导致的社会灾难。

人类历史一旦开始，便意味着个人和社会整体之间无穷尽的紧张关系，在这个问题上，哈耶克的观点与唯物史观没有什么不同。在《德意志意识形态》中，马克思和恩格斯详细考察了生产力和生产关系的产生与发展，提出了一个著名的"异化"理论：生产力和生产关系本来是人创造的，但是，生产力和生产关系一旦产生，就具有了超越个人的特性，演化成控制个人的力量，由人的创造物异化为"控制人的力量"。"受分工制约的不同个人的共同活动产生了一种社会力量，即扩大了的生产力。因为共同活动本身不是自愿地而是自然形成的，所以这种社会力量在这些个人看来就不是他们自身的联合力量，

---

① 《马克思恩格斯选集》（第2卷），人民出版社，2012，第261页。

而是某种异己的、在他们之外的强制力量。关于这种力量的起源和发展趋向,他们一点也不了解,因而他们不再能驾驭这种力量,相反地,这种力量现在却经历着一系列独特的、不仅不依赖人民的意志和行为反而支配着人们的意志和行为的发展阶段。"① 生产力的异化,在资本主义社会产生了严重问题,那就是"经济危机"。"异化问题"产生的社会危机,就必须在条件成熟时通过社会革命的方式,完成人与生产力关系的"颠覆",使人和生产力的关系是"主奴关系"而不是相反。"资产阶级的生产关系和交换关系,资产阶级的所有制关系,这个曾经仿佛用法术创造了如此庞大的生产资料和交换手段的现代资产阶级社会,现在像一个魔法师一样不能再支配自己用法术呼唤出来的魔鬼了。"于是,商业危机出现了,"社会突然发现自己回到了一时的野蛮状态,仿佛是一次饥荒、一场普遍的毁灭性战争,使社会失去了全部生活资料,仿佛是工业和商业全被毁灭了……"② 马克思和恩格斯所描述的情景,在 20 世纪 30 年代再现了。但是,在哈耶克的"扩展秩序"的演化过程中,我们是看不见这个现象的,只有资本主义带来的"人丁兴旺,物产丰盈",以及"养活包括共产主义国家在内的世界人口"的雄心。

  哈耶克所极力推崇的资本主义的自由竞争与扩张,在唯物史观的视野里,暴露出内在的致命缺陷。在哈耶克感到满意和停滞不前的地方,却是马克思主义社会革命理论的起点。唯物史观并不认可资本主义就是人类文明的完美状态,相反,它认为资本主义的内在矛盾必将导致社会革命。在第二次世界大战结束后,西方资本主义社会迅速调整内外政策,无论是先前的"罗斯福新政",还是畅行多年的凯恩斯

---

① 《马克思恩格斯选集》(第1卷),第85~86页。
② 《马克思恩格斯选集》(第1卷),第277~278页。

的"国家干预理论",对西方文明的延续和完善起了重大作用,马克思主义,无疑为这场较为成功的资本主义自我改良提供了极为重要的方法论和价值论等理论资源。

(三) 哈耶克的历史哲学:一种可能的担忧

在唯物史观的视野中,以自由主义为基本理念的哈耶克历史哲学显现出奇特的混合特性:一是真知灼见,同时也暴露出明显的理论错误;二是运用唯物论的经济分析方法对人类历史进行实证研究,同时却陷入了唯心史观;三是不遗余力地反抗"建构论理性主义"的威胁,同时却走向了自由的极端而陷入盲目的自发性。因此,无论从本体论、认识论、方法论和价值论哪一个角度进行比较,唯物史观都比哈耶克的历史哲学更为系统、完整,也更具有远见和人道精神。但是,哈耶克毕竟是位伟大的思想家。他的历史哲学,是为他的政治哲学服务的,也就是说,哈耶克的历史哲学的真正批判与抗辩对象,不是唯物主义历史观,而是社会主义制度的设计方法,一种与"方法论个人主义"相对立的"方法论整体主义"政治方法论。"方法论整体主义"的理论基础是"建构论理性主义",它的社会制度设计理念,是政治制度的整体主义、经济制度的计划控制、道德价值的集体主义。哈耶克的历史哲学,表达了一种强烈的担忧:社会主义制度以及资本主义社会内部的社会主义倾向,是否会产生某些不良的后果:政治集权,经济活力被窒息,个人自由被扼杀,从而整个人类的文明由于理性的致命自负而陷入困境和衰退,当我们对自发性产生的破坏性后果心怀恐惧时,却在"建构论理性主义"的社会控制规划的雄心壮志的引导下走向"通往奴役之路"。"如果现代心智妄自尊大,不尊重不受个人理性有意识控制的任何事物,而且不知道在哪里及时止步,那么我们就完全可以断言说,一如埃德蒙·伯克(Edmund. Burke)告诫我们的那样,'我们的视域及我们周遭的一切都将不断地萎缩,直至把我们的所思所虑最终限制在我们的心智所及的范围之内。'"①

哈耶克的担忧具有合理性吗？对这个问题的回答，不是理论逻辑的推理所能解决的，而是需要以实践方式来证实或证伪。20世纪后半叶社会主义运动遭受的重大挫折，似乎在某种程度上验证了哈耶克的判断。中国社会制度改革的成功，正是从思想解放和对极端政治激进主义的矫正开始的。在全球化浪潮的推动下，资本主义和社会主义两大思想体系和意识形态，显现出某种相互学习、取长补短的合流趋势，不仅对改革开放中的中国，而且对防止西方资本主义社会陷入"致命的自负"都是很有益处的，也许正是在这里，才显现出唯物史观和哈耶克历史哲学争论的意义。

（四）文化进化的道路：有限理性和相对自由

文化不是人类历史之外的存在，它是人类历史的实质和成果，人类历史的发展，最终是通过文化的进步得到验证和标志的。历史发展的理论逻辑，必然是文化发展的理论逻辑。由于文化，我们才能够给予一个地区、一个民族和国家以及一种文明类型的进步性以正确的评价，才能给予一个时代和那个时代的人的发展程度以恰当的估量。在历史的河流中，文化就是人类的航标，记载着人类的每一个脚印。文化是人类历史的物质和精神化石，记录了人类的成就和那些已经溃散的辉煌。文化史就是人类史的果实，就是文明的标记，因为文化，人类史才能够成为意义史和成就史。

文化的发展观念与历史感，是近现代社会才出现的。达尔文的进化论，黑格尔的历史规律的思辨，以及以摩尔根为代表的文化人类学，都表明了一种科学的文化发展观念接近形成，人类实践和文化逐渐以历史的形态出现在人们的视野中。在这些成就的基础上，马克思主义

---

① 〔英〕F. A. 哈耶克：《个人主义与经济秩序》，邓正来译，第43页。

的唯物史观,第一次完整、系统地论述了人类历史的发展过程和规律,并以伟大的人道主义为人类社会勾画了更为美好的未来。但是,这种规划,却被哈耶克指称为"建构论理性主义",在20世纪,"建构论"与哈耶克的"扩展秩序"展开持久论争。有意思的是,历史以自己的方式,分别给予两种历史哲学以实践检验和评价。在历史的逻辑和理论的逻辑基础之上,我们可以大致总结出文化发展方式所遵循的原则。

第一,文化的发展,绝对不是没有人参与的无意识的过程。尽管文化具有超个体性和超历史性,但它最终是人类有意识的感性活动的结果,是人类改造世界的成就,是人的本质力量对象化的产物。因此,文化的发展不可能将人的理性作用排除在外。无论是马克思还是哈耶克,都认为文化发展是社会过程而不是自然过程。生物进化的机制,不是文化发展的机制。人是文化的主体,"属人性"是文化的本质。

第二,文化的发展,不是个体有意识地参与而形成集体无意识的发展过程。哈耶克坚持认为文化的发展是"扩展秩序"的扩展过程,个人虽然怀着各自的目的参与社会活动,但是他无法了解也无法控制文化的总体和未来,他只能接受"看不见的手"的调控,接受文化的总体性运动给他带来的结果。虽然哈耶克和马克思一样,都看到了文化在发展过程中与个体之间的紧张关系,但是,哈耶克赋予了文化的"集体无意识",也就是文化的发展,完全是个体和文化总体的自发性的运动,至于道路在哪里,目标在何方,人类理性是不可能知道,也不需要知道的。这样,文化发展方式就成为"自发性"的延伸。但是,在人类历史上,这种"社会自发性"的过度膨胀所产生的经济危机和社会灾难,已经让人类付出惨重代价。历史证明,对文化发展的超理性的"自发性"的过度强调,并将它与个人自由不恰当地联系在一起,只会将人类文明拖入灾难。

第三,文化的发展,绝不是某些人或某个人的心智可以"计划"

的。文化不是人类种植在花园的果树，它是宇宙苍生。文化不可能将人类的理性排除在外，但是，人类的理性是有限的。试图对文化发展做出整体性的或永恒性的规划，已经反复被实践证明为"文化的乌托邦梦想"。计划有它的界限，这个界限就是：计划充其量只能设计文化的某个起点，但是它不可能决定和规划文化的终点，尤其是当文化以整体形态出现时，试图对文化发展做出全面控制，是荒唐而可笑的，也是枉费心机的。在上述事实面前，往往出现两种后果，一种是承认失败，给予文化相对独立与自由；另一种是不甘心失败，企图以强权的形式威逼文化"就范"。第二种方式，最有可能导致的后果，就是文化灾难。

对于历史和文化发展方式，恩格斯的归纳和论述应该是最为全面的。恩格斯认为，社会发展史与自然史的根本不同就在于，"在社会历史领域内进行活动的，是具有意识、经过思虑或凭激情行动的、追求某种目的的人；任何事情的发生都不是没有自觉的意图，没有预期的目的的"。但是，"人们所预期的东西很少如愿以偿，许多预期的目的在大多数场合都互相干扰，彼此冲突，或者是这些目的本身一开始就是实现不了的，或者是缺乏实现的手段的"。"无论历史的结局如何，人们总是通过每一个人追求他自己的、自觉预期的目的来创造他们的历史，而这许多按不同方向活动的愿望及其对外部世界的各种各样作用的合力，就是历史。"① 如果哈耶克曾经认真研读过上述文字，不知会做何感想。

文化的发展方式，就是"历史的合力"作用下的方式。个人与文化世界的紧张关系，实际上是人作为"个体"的意志与人作为"类存在"的意志相互冲突的反映。正是这样一种矛盾关系，推动了文化的

---

① 《马克思恩格斯选集》（第 4 卷），人民出版社，2009，第 247~248 页。

发展。试图消灭这种个人自由与整体目标之间的竞争，等于消灭文化本身。文化发展，是在人类理性的丛林中伸向四方的道路，它不一定能够使人人如愿，但是它会时刻在人的理性的荫蔽之中。

三 先进文化的发展方式

社会主义文化的"先进性"是指什么？它之所以成为一个需要反复讨论的问题，其原因是多方面的。科学社会主义理论已经为社会主义文化设置了一个先进性的历史位置。在马克思主义创始人的思维框架中，社会主义作为一种社会制度，是对资本主义制度不合理性的扬弃和超越，代表人类文明发展的趋势和方向。社会主义文化是社会主义社会的精神象征，是在辩证否定资本主义文化的基础上的发展形态，它必然也必须比资本主义文化更加先进。这样一种理论设计和预期，使社会主义文化没有退路，它必须通过不断的努力，将先进性内化为自身的本质。当马克思主义在理论上确认了社会主义制度优越性的时候，就必然给自己提出了一个历史使命，那就是建设先进的社会主义文化，否则，制度的先进性与文化的落后性之间便产生了逻辑上的悖论。一种落后的精神文化或意识形态，是无法生产先进的社会政治制度理念的。

中国的社会主义建设事业需要先进文化为其提供精神论证。任何一种意识形态在政治上的成功，都必须借助于某种文化对其合理性的论证和维护。社会制度的设计、创立和运行，都需要某种特定的精神文化作为其知识、价值观和信仰的支撑。现代西方国家资本主义制度的建立，就曾经经历过一个漫长的从文艺复兴到启蒙运动的资本主义精神文化的酝酿与确立过程，资本主义制度从来没有放弃寻求文化给予自身的维护，将政治意识形态深深植根于资本主义文化母体中。在

《共产党宣言》中，马克思、恩格斯如此描述社会变迁所产生的社会生活巨变以及人们心灵的震撼，"一切固定的僵化的关系以及与之相适应的被尊崇的观念和见解都被消除了，一切新形成的关系等不到固定下来就陈旧了。一切等级的和固定的东西都烟消云散了，一切神圣的东西都被亵渎了。人们终于不得不用冷静的眼光来看他们的生活地位、他们的相互关系"。[1] 正是上述社会存在与社会意识的变迁，形成了一个时代的文化需求和渴望。当前，中国社会正处于这样一个历史性的巨变时期，社会公众的精神生活因此面临诸多问题，其中有两个基本问题，一是知识结构的更新，二是价值观念的重构。在改革开放的时代背景下，社会公众的精神世界迫切需要一种文化，为社会发展和个人行为提供精神支撑，型构这个时代所急需的公共理性和个人理性，从而以思想观念的方式，为个人和组织行为提供逻辑起点。社会主义文化必须面对这些时代的精神困境，它的历史使命，不仅在于为社会变革提供合法性论证的精神辩护，而且需要为这个时代的精神生活指出一个通向光明未来的出路。因此，社会主义文化必须构造核心价值观体系，并且成为能够引导时代变迁潮流、契合社会发展方向的精神路标。

（一）社会主义文化所指

讨论社会主义文化的先进性，首先需要明确社会主义文化所指何物。从概念的外延分析，社会主义文化必然是文化概念的一个分支概念，社会主义文化是人类文化系统的一个具有自身特殊本质的子系统，或者说它是人类文化的一种形态。但是学术界在讨论社会主义文化先进性问题的时候难免出现结论的分歧，其根本原因就在于，没有就共同讨论的对象进行明确的界定，如果没有能够回答"社会主义文

---

[1] 《马克思恩格斯选集》（第1卷），第275页。

化是什么"的问题，也就无从讨论社会主义文化的先进性。社会主义文化具有文化的一般特性。由于文化是个很宽泛的而且是在不断发展变化之中的概念，因此，不同的研究方式所界定的文化概念是不同的。美国人类学家 A. L. 克罗伯和 C. 克拉克洪搜集的资料显示，文化的定义多达 160 种以上，现在更是发展到 200 多种。在庞杂的文化概念背后，是研究领域的不同和研究方法的差异。目前，国际学术界具有一定影响和规模的文化研究方法主要有三种：人类学方法、哲学方法以及社会学方法。文化研究的人类学方法，形成文化人类学。文化人类学主要是通过田野调查的实证方法，研究某个民族或地区的物质生活和精神生活方式以及行为习惯，从文化模式和文化类型的角度研究文化。文化研究的哲学方法，形成文化哲学，以文化总体为对象，研究文化发展的一般规律和文化价值。文化研究的社会学方法，形成文化社会学，在社会结构中研究文化要素，考察文化变迁与社会发展的联系。以上三种文化理论成为文化研究视野中的显学，此外，近年来以美国学者亨廷顿为代表的文化政治学开始崛起，从政治意识形态的角度切入，研究文化在意识形态建构中的作用以及国际意识形态竞争中的文化战略。

　　从马克思主义理论的发展历程来看，社会主义文化的研究方法，不是人类学和社会学，而是哲学和政治学。在马克思主义理论体系中，社会主义文化理论承担着特殊的政治使命，是为着特定的政治理想和社会目标而存在的。在《新民主主义论》一文中，毛泽东指出："一定的文化（当作观念形态的文化）是一定社会的政治和经济的反映，又给予伟大影响和作用于一定社会的政治和经济；而经济是基础，政治则是经济的集中的表现。这是我们对于文化和政治、经济的关系及政治和经济的关系的基本观点。"毛泽东的这个论断，将文化限定在"观念形态"，也就是精神文化。因此，社会主义文化概念，不同于人类学和社会学所使用的文化概念,没有包括物质、制度以及其他形态的文化单元,所指的是那些负载着特定历史使命和政治理想的精神文化。

(二) 社会主义先进文化的历史特性

在马克思主义理论中,社会主义文化被界定为精神文化。唯物史观认为,精神文化属于社会上层建筑的一部分。对于经济基础和上层建筑之间的相互关系,马克思有过精彩论述:"这些生产关系的总和构成社会的经济结构,即有法律的和政治的上层建筑竖立其上并有一定的社会意识形态与之相适应的现实基础。物质生活的生产方式制约着整个社会生活、政治生活和精神生活的过程。"[1] 也就是说,经济基础的发展变化,必然导致作为社会上层建筑的精神文化的相应变化。因此,在不同的历史条件下,社会主义文化的历史使命和政治目标并不相同,社会主义文化的先进性因此而具有了历史特性,试图一劳永逸地解决社会主义文化先进性的评判标准问题是不可能的,它只能是一个随着社会发展而不断被设问和回答的问题,不断被更新答案的命题。因此,在马克思主义理论系统中,社会主义文化的先进性就成为一个不断被回答,同时也不断被追问的问题。

在马克思主义形成时期,经典作家所关注的精神文化先进性,在于精神文化所秉持的世界观和社会历史观的科学性。在马克思、恩格斯时代,文化分析并没有成为一种主要的社会分析方法,马克思和恩格斯主要是从意识形态角度关注思想观念和社会意识,从而关注精神文化问题的。恩格斯在研究了摩尔根的《古代社会》之后,撰写了《家庭、私有制和国家的起源》一文,马克思晚年也做过《人类学笔记》,但是他们主要是从政治意识形态批判的角度研究精神文化,并

---

[1] 《马克思恩格斯选集》(第2卷),第32页。

揭示当时精神文化的唯心史观基础。恩格斯指出:"旧的,还没有被排除掉的唯心主义历史观不知道任何基于物质利益的阶级斗争,而且根本不知道任何物质利益;生产和一切经济关系,在它那里只是被当作'文化史'的因素顺便提到过。"① 马克思也指出:"历来的观念论的历史叙述的关系同现实的历史叙述的关系,特别是所谓文化史的关系,这所谓文化史全部是宗教史和政治史。"② 在马克思和恩格斯看来,文化不能被看作是与现实脱离的精神运动,必须将文化当作上层建筑的一部分,探索精神文化发展变化的社会经济基础,只有如此,精神文化的哲学基础才是历史唯物主义,而不是历史唯心主义。

在马克思主义中国化阶段,新民主主义文化和社会主义文化的先进性,一直是马克思主义文化理论所关注的核心问题。在《新民主主义论》一文中,毛泽东所论述的新民主主义文化的先进性,成为社会主义文化先进性批判标准的主要根据。第一,"这种新民主主义的文化是民族的。它是反对帝国主义压迫,主张中华民族的尊严和独立的。它是我们这个民族的,带有我们民族的特性"。第二,"这种新民主主义的文化是科学的。它是反对一切封建思想和迷信思想,主张实事求是,主张客观真理,主张理论和实践一致的"。第三,"这种新民主主义的文化是大众的,因而即是民主的。它应为全民族中百分之九十以上的工农劳苦民众服务,并逐渐成为他们的文化"。因此,"民族的科学的大众的文化,就是人民大众反帝反封建的文化,就是新民主主义的文化,就是中华民族的新文化"。③ 江泽民曾指出:"在当代中国,发展先进文化,就是要发展面向现代化、面向世界、面向未来的,民族的科学的大众的社会主义文化,以不断丰富人们的精神世界,增强

---

① 《马克思恩格斯全集》(第20卷),人民出版社,1971年,第29页。
② 《马克思恩格斯全集》(第46卷)(上),人民出版社,1979,第47页。
③ 《毛泽东选集》(第2卷),人民出版社,1991,第706~709页。

人们的精神力量。"① 这个论断综合了毛泽东的文化先进性论述以及邓小平关于教育要坚持"三个面向"的观点。在建设社会主义和谐社会的相关理论观点提出后，文化的先进性评价标准，开始与"和谐文化"以及"科学发展观"相联系，这表明社会主义文化的先进性问题的探索思路，在新的历史条件下有了新的发展。

从上文可以看出，社会主义文化先进性问题的背景和答案，都具有鲜明的时代特征和历史性格。在不同的历史阶段，由于马克思主义理论所担负的时代任务和历史使命不同，社会主义文化的功能和目标随之不同，社会主义文化的先进性，在不同历史条件下便具有了不同标准，从而具备了历史性和时代性。抛开具体的社会历史条件探讨抽象的社会主义文化先进性问题，要么形成独断论，要么成为唯心史观逻辑的延伸。因此，在各种探讨社会主义文化先进性的方法中，唯物史观视野中的历史方法，是根本方法。

（三）社会主义文化先进性的基本标准

1. 一般标准

如果遵循人类学或社会学的研究方法，文化系统一般被划分为三个相互联系的部分：物质文化、制度文化和精神文化，对于文化系统的不同组成部分，先进性的评判标准并不相同。在马克思主义及其中国化的理论体系中，文化与社会经济基础、上层建筑相联系，研究方法形成于这种联系性的逻辑链条中，因此，文化的外延被限定在精神领域。社会主义文化的先进性，首先要符合文化先进性的一般标准，其次要符合社会主义文化特定的时代标准和政治标准。

一般而言，精神文化由三个子系统构成。第一，知识系统，它主要由各种自然科学、社会科学等门类的知识构成，形成人类的工具理

---

① 《江泽民文选》（第3卷），人民出版社，2006，第559页。

性。第二，价值观系统，主要由宗教、道德哲学以及价值理论构成，建构人的信念、理想和信仰，形成人类的价值理性。第三，艺术系统，主要由文本、器物以及行为等形态的文化单元组成，形成人类的审美理性。由于社会功能的差异，各种精神文化因素的先进性标准也不同。知识系统的先进性在于知识的真理性和方法论的有效性。首先，先进的知识文化必须是真理性认识，经过实践检验，符合客观存在及其规律；其次，知识文化必须能够推动生产力的发展，能够生产出科学的社会制度，推动社会经济基础和上层建筑的发展；最后，知识文化建构人的理性思维，从而推动人的认知能力的全面发展。价值系统的先进性在于价值观的合理性、正当性和正义性。首先，价值文化能够生产一个时代的核心价值观体系，形成一个社会的公共价值理性，树立公平、正义的公共权威；其次，价值文化提供多样化的价值观，为个人理想信念提供精神支持，推动个人德行的完善，形成个人的价值理性。艺术系统的先进性在于各种艺术形式不仅要表达真理，宣扬正义和善良，还要符合人类审美情感的需要。社会主义文化是精神文化在一定历史条件下的特定形态，它的先进性，首先在于社会主义文化以真理为基础，追寻理想信念的正当性，去除艺术领域的低俗和丑陋，即具有文化先进性的一般特性，在此前提下，社会主义文化才有可能追寻特定历史条件下的时代先进性。

2. 时代标准

社会主义文化的先进性，首先符合先进文化的普适性标准，即社会主义先进文化，必定是符合真理、追求正义、提升审美层次的文化。但是，社会主义文化担负着特定的历史使命，那就是它必须面对当代中国社会的精神问题给出答案和方向。社会主义文化先进性的时代特征，主要在于两个方面，一是超越市场经济内置的价值体系，在喧嚣的市场氛围中以理想信念为公众开辟一条超越之路，在世俗世界显现彼岸世界的崇高性；二是在多元文化背景下坚持价值观的主流性或核心化，生产社会核心价值观体系，维护多元价值观的生态平衡，呵护这个时代社会公众的精神生活，为人们的行为合理性提供终极化的论证。

（1）目标先进性。社会主义文化的先进性，在于其价值目标的先进性，在于它能够从市场经济价值体系的迷宫中，以人的自由、解放和全面发展，构造文化的人文关怀，为文化发展方向确立一个超越当下功利的价值目标。市场经济为文化产业化预置了利润最大化的价值逻辑。皮埃尔·布尔迪厄就此指出，资本有三种类型：经济资本、文化资本和社会资本，三种资本形式可以相互转化，但是，"实践的经济是资本主义的历史性杰作，它把交换世界简单地变成了商业交换，而商业交换无论是在主观方面，还是在客观方面，都极力追求利益（经济性的）即自身利益的最大化"。[①] 不过，文化进入资本的循环链条，并不是文化生产的唯一方式。一般而言，文化生产方式主要有三种，一是政治方式，二是经济方式，三是个人方式。文化生产的政治方式，其价值目标被意识形态设定，政治价值观就是文化价值观；文化生产的经济方式，是将文化商品化，并进入市场交换系统，追求文化的交换价值和剩余价值，将经济利益作为文化生产的核心目标；与政治方式、经济方式不同的是，文化生产的个人方式，追求的是个人精神生活的对象化存在以及文化主体或个体的精神表达、情感宣泄，追求人本化的自我解放和自由。从西方社会的市场经济发展历程来看，在生产力和人们的物质生活水平发展到一定程度之后，精神文化的需求必然会催生一个庞大的文化市场，文化产业成为国民经济的重

[①]〔法〕皮埃尔·布尔迪厄：《资本的形式》，载薛晓源、曹荣湘主编《全球化与文化资本》，社会科学文献出版社，2005，第4页。

要因素，文化产业化是不可逆转的发展趋势。美国学者沃尔夫指出，文化、娱乐正在迅速成为新的全球经济增长的动力源。"体验经济"理论代表人物约瑟夫·派恩和詹姆斯·吉尔摩指出，世界经济正在经历从产品经济到服务经济，再到体验经济的转变，而所谓"体验经济"，就是以文化产业为基础的新经济形式。在某些国家，文化产业总值已经占据GDP的2/3以上。在当代中国社会，虽然政治组织所主导的文化政治生产方式，以及网络技术支撑的文化个人生产方式都拥有各自的空间和话语权力，但是资本借助市场体制所推动的文化产业化潮流，使文化生产的经济方式成为一种相对强势的方式。文化单元一旦商品化，文化的价值目标就被牢固地绑定在商品的交换价值上。在马克思看来，"劳动产品一旦作为商品来生产，就带上拜物教性质"，因为"在商品生产者的社会里，一般的社会生产关系是这样的：生产者把他们的产品当作商品，从而当作价值来对待，而且通过这种物的形式，把他们的私人劳动当作等同的人类劳动来互相发生关系"。[①] 由于"私人劳动"与"社会劳动"的矛盾，商品交换关系成为充满风险的、个人难以把握的关系，于是商品拜物教产生了。在文化产业化之后，文化的经济利益目标就成为凌驾于各种价值之上的神灵。这种趋势是否合理？文化商品化之后，经济价值真的具有凌驾于其他价值目标之上的优势吗？如果社会主义文化所确立的价值目标，只是和文化的经济生产方式所遵循的价值目标相同，那么，社会主义文化就不可能具有相对于资本主义文化的先进性，也不具有相对于市场经济社会盛行的工具理性的先进性。社会主义文化的先进性，必然是超越市场经济的利润最大化目标的价值先进性，它将人的解放、自由而全面的发展，设定为文化行为的目标，而不是将人和文化，仅仅

---

① 《马克思恩格斯选集》（第2卷），第141~142页。

当作资本赚取交换价值和剩余价值的工具。文化的三种生产方式所秉持的价值观，都有其内在的合理性，但是，任何一种合理性在人的解放和全面发展的价值目标面前，都不具有终极意义。社会主义文化所追求的价值目标，应该是人的解放和全面发展，只有如此，才能够为深陷市场经济环境中的社会公众的精神生活，提供一个更加人性化、更加合理的发展方向，才能够在社会公众面对各种精神困惑时，给予各种疑问一个纲领性的回答。

（2）功能先进性。社会主义文化价值目标的先进性，以超越经济利益和当下功利的方式，意图给予社会公众的精神生活一种信仰层面的价值关怀。这种目标的先进性，是通过社会主义文化的功能先进性，实现它的宏大价值目标的。从人类文化发展历史来看，文化具有四种功能，并形成相应的文化运行系统。一是信息系统，承担文化的记忆功能。文化以文本等符号形式，记录人类实践活动的精神成果，从而使人类文明的传播和传承成为可能。因为精神成果是不可能通过生物遗传而延续的，它必须通过文化的记忆功能，形成信息系统，实现人类精神文化的累积和加速度发展。二是交换系统，承担文化的交往功能。文化以语言符号为基本载体，构成人类精神交往的无限扩展的公共平台，使文化成为可以交换、能够共享的精神产品，构成人类社会超越时间和空间的公共领域。三是消费系统，承担文化的消费功能。个体生命和人类社会的延续主要依赖于两种消费，即物质资料的消费和精神资料的消费，精神消费只能依赖于文化供给。四是文化的生产功能，即文化是一种生产系统，不断产生精神文化，并生产人的社会本质。文化的四种功能，在时间和空间层面是统一的，也就是说，文化的四种功能总是同时运行，在空间上不具有间隔性，在时间上也不具有次第性。文化的记忆、交往、消费以及生产功能，是任何一种文化形态都具有的功能，但是，文化的记忆、交往与消费功能所具有的社会意义，主要是工具性的技术意义，而文化的生产功能的主要社会意义，不是技术理性渗透的对象，而是价值理性关怀的目标，因为文化在生产人的工具理性的同时，也在生产人的价值理性，型构人的实践理性或道德价值观。

在马克思看来，人的本质是自然本质和社会本质的统一，人的社会本质的产生场域，是社会关系总体，也就是说，"人的本质不是单个人所固有的抽象物，在其现实性上，它是一切社会关系的总和"。[①]人通过社会实践所形成的彼此之间的交往关系，其实质就是人与社会物质环境和精神环境之间形成的信息交换关系，人的社会本质在这个交换过程中不断得到建构和重构，在社会关系中不断生成。在卡希尔看来，人的社会本质就是人的文化属性。人不是生活在一个单纯的物理世界，而是生活在一个符号宇宙之中，语言、神话、艺术和宗教则是这个符号宇宙的各个部分，从而形成了以符号进行书写、记录的精神文化或思想空间，构成了一个专属于人的自由自觉的文化世界。对于人的社会本质而言，文化世界具有本体性，即文化的生产功能具有构造人的社会本质的本体性，人所具有的创造文化的主体性与文化构造人的本质的本体性之间对立同一关系的演化，推动文化的进步与人的发展。

当代中国社会是一个开放型的社会，所有开放社会都具有一个共同特征，那就是思想观念或精神文化的多样化。根据不同的标准，可以给出不同的文化多样化的含义。2001年11月2日，联合国教科文组织（UNESCO）第31届大会在巴黎总部通过的《世界文化多样性宣言》（Universal Declaration on Cultural Diversity）指出："文化多样化"是指"文化在不同的时代和不同的地方具有各种不同的表现形式，具

[①] 《马克思恩格斯选集》（第1卷），第60页。

体表现为构成人类群体和各社会的独特性及其全部独特性所构成的多样化"。这个判断所遵循的是文化人类学的研究方法，基本指明了文化多样化的实质，那就是，根据文化的外在特征，即时间、空间、表达方式、文化主体，以及文化内涵的独特性等标准，可以将文化划分为各种类型，而生活准则、价值体系、传统和信仰等内涵的差异，才是决定文化呈现多样性分布的根本因素。在世界范围内，不同文明类型或文化模式之间，应该相互尊重，彼此平等，因为在文化差异背后是主权国家利益的差别。但是，在一个主权国家范围内，多样性文化在和谐共存的同时，必须是在尊重一种主流文化前提下的共存，一个国家的文化生态平衡，就是主流文化主导下的多样文化共存状态。

记忆、交往、消费与生产等四种功能，是每一种文化都具有的社会功能，文化的生产功能构造人的工具理性和价值理性，因而在具有技术意义的同时，更主要的社会意义体现在道德层面，建构和重构人的实践理性。在一个文化多元化的社会，每一种文化不仅以各自外在化的时间、空间等存在方式相互区别，而且以内在的价值观为标准划定彼此的边界。不同文化的价值观之间有可能是融洽的和谐关系，但更多的是差异甚至冲突。文化多样化所产生的一个重大社会问题，就是如何在相互冲突的价值关系中，树立某种公共价值观的权威，形成社会核心价值体系，生产人的公共价值理性，从而避免价值判断陷入相对主义的泥潭。这种公共价值观，不仅追求真理，崇尚公平、正义，而且能够指出社会进步和人的发展方向。当代中国已经进入了文化多样化时代，社会主义文化必须能够解决文化多样性所产生的价值观分歧问题，从而形成不同价值观之间的和谐关系，价值观和谐是和谐社会的根本保证。但是，除了社会主义先进文化之外，任何一种文化都没有建构核心价值体系的义务，也不具备这个条件和可能性。如何在多样的文化价值观中，建立社会核心价值观体系，形成中华民族凝聚力，并为社会公众提供思想和行为的共同参照物即公共理性，是社会主义文化所面临的重大任务。只有完成这个时代任务，社会主义文化才是先进的，否则，它就只能充当多样文化世界的一种普通文化形态，而无法承担社会主义文化的历史使命。

随着社会的发展，社会主义文化的先进性标准也发生变化，"所以人类始终只提出自己能够解决的任务，因为只要仔细考察就可以发现，任务本身，只有在解决它的物质条件已经存在或者至少是在生成过程中的时候，才会产生"。① 正是在"先进性"不断被追问的过程中，社会主义先进文化逐渐走近一个目标，那就是人的解放和全面发展，这也是文化多样化时代的精神路标。

---

① 《马克思恩格斯选集》（第2卷），第33页。

中华传统审美观念的历史演进与文化价值[*]

宋音希[**]

摘　要：美之精神与中国文化从生发伊始便是交融在一起的，人们感悟美、创造美的历程与生命的历程紧密相连、不可分割，这是中国艺术精神的重要特质。与西方的哲学思辨不同，中式美学并不苛求于定义，并不以学科作为严格的划分，而是以圆融之态显现于书法、绘画、雕塑、文学作品、生活器物，乃至人生感悟之中。

关键词：传统文化；审美意识；文化价值

1750年，美学（Aesthetic）由哲学的一个分支，独立成为一门研究人与世界审美关系的学科，美学研究的对象是审美活动。而审美活动是人的一种以意象世界为对象的人生体验活动，亦是人类的一种精神文化活动。自此，人们对"美是什么"的追问从未停止过。柏拉图说"美是理念"，黑格尔说"美是理念的感性显现"，康德说"美是主观合目的性的形式"，亦提出著名的"审美无功利"说。俄国著名美

---

[*] 本文系国家社科基金青年项目"日常生活理论"视域下的中国当代审美文化研究（17CZW007）的阶段性成果。

[**] 宋音希，文艺学博士，中共广东省委党校（广东行政学院）社会和文化教研部副教授。

学家车尔尼雪夫斯基说"美是生活",这一充满着现实主义美学观的命题,影响了中国思想界数十年,亦为美学研究的拓展打开了更为广阔的天地。

然而,正如"有一千个读者,就有一千个哈姆雷特",人们对"美"的理解不断深入、丰富、具象,却依旧难以用准确规范的定义来框定它。而智者或许早有先知,苏格拉底曾发出感慨:美是难的。西方世界的二元对立思维传统对"美"进行了充满条理性、逻辑性与思辨性的解读,而东方世界呢?

> 关关雎鸠,在河之洲。窈窕淑女,君子好逑。
> 采菊东篱下,悠然见南山。
> 君不见黄河之水天上来,奔流到海不复回。
> 众里寻他千百度,蓦然回首,那人却在灯火阑珊处。
> 冷冷清清,寻寻觅觅,凄凄惨惨戚戚。
> 两情若是久长时,又岂在朝朝暮暮。

美之精神与中国文化从生发伊始便是交融在一起的,人们感悟美、创造美的历程与生命的历程紧密相连、不可分割,这是中国艺术精神的重要特质。与西方的哲学思辨不同,中式美学并不苛求于定义,并不以学科作为严格的划分,而是以圆融之态显现于书法、绘画、雕塑、文学作品、生活器物,乃至人生感悟之中。

一 先秦:审美意识的初始与根源

中华民族的文化溯源可一直追溯至上古时期,华夏文化、东夷文化、苗蛮文化是它最早的萌芽与组成部分。此时的文化形态虽然原始,但已经在不同的地域呈现出了差异性与多样性的特点。而后,殷商文化逐渐发展成形，在此时期，中国已知的最早古文字出现了，即甲骨文，这标志着中华民族的文明史进入了新的一页。商文化给后续西周时期的社会及文化的发展带来了很多影响，西周时期，我国远古社会形态发展到了一个鼎盛时代，社会治理、礼乐制度、文法制度、文学艺术都有了勃兴与繁荣的发展。正是得益于此时期的积累与沉淀，才有了其后的诸子百家争鸣。百家争鸣是中华文化思想发展史中极为重要的一次思想盛宴，其间显现出的不同流派之间的思想见解，有些到如今都对人们的价值观念产生着影响。由孔子开创的儒家思想，以"仁"为学说核心，重血亲人伦、现世事功、实用理性、道德修养。以老子、庄子为代表的道家思想，将"道"作为思想的核心，主张因循自然、顺应物性。这二者的主张与观点更是在此后的文化发展过程中成为中华传统文化特点的重要组成部分。

在世界文明史上，有"青铜时代"的说法，指人类社会生活中普遍使用青铜工具和兵器的历史时代。中国的青铜时代开始于距今4000多年前，持续1500多年时间，即夏、商、西周到春秋时期。中国所创造出的青铜文明，在世界文明史上占有重要位置。青铜器可分为礼器、乐器、兵器三大类。饕餮纹是青铜器中极为常见的纹饰。饕餮是传说中极为贪食的恶兽，贪吃到连自己的身体都吃光了，所以其形一般都有头无身。《神异经》云："饕餮，兽名。身如羊，人面，目在腋下，食人。"商周青铜器的兽面纹饰反映了当时人们对自然神的崇拜。大部分学者认为，商周统治者用青铜器纹饰的"狰狞恐怖"来显示王权的"神秘威严"，以表达其对政治权力、地位与财富的占有，让人望而生畏。张光直先生同样认为"青铜便是政治和权力"，但他认为这些动物纹样不是为了威吓，而是为了与神沟通。由于原始社会生产力水平低下，人们把许多无法解释的现象都归结为神的力量，人们对神灵充满敬畏之心，乞求神灵，取悦神灵，希望借助神力以支配事物。

青铜器是时人精神世界的观照，是传统宇宙观、巫术观、自然观的物化喻体。在特定的文化土壤中，孕育厚重的精神积淀、宏阔的审美边际、丰富的情境承载，以及多义的哲理思辨。古代先民已然拥有审美观念的自发意识，青铜器在敬天畏神的时代审美推动下，以大为贵、以重为美，承载先民对神灵的敬畏和对先祖的怀念，维护王权宗教的统治功能，担负娱神媚神的社会使命，充当祭祀礼仪中必不可少的重要组成部分，是象征时代精神的情感心理与艺术表达。

二 秦汉：民族美学风貌的发生与发展

秦汉时期，是中国统一的多民族封建国家的建立与巩固时期，也是中国民族艺术风格确立与发展的极为重要的时期。由于国家的统一，人力、物力、财力的集中与社会生产力的提高，统治者为宣扬大一统丰功伟业、显示王权威严、追求奢豪的生活享受，并希望死后仍然能同生前一样享受安富尊荣，"生不极养，死乃崇丧"的厚葬习俗流行于世。秦始皇陵出土的大型兵马俑，以空前的规模、数量和惊人的写实风格，展示了"厚葬"的全貌以及秦代高超的艺术水平，它们是秦代禁卫军的真实写照。为数众多的陶塑兵马俑，通过严谨的布局，排列成面向东方、气势磅礴、威武雄壮的军阵场面。再现了秦军奋击百万、战车千乘、军阵整肃、勇于攻占的宏伟气派，是秦代造型艺术取得划时代成就的标志。

秦汉时代处在中国封建社会的上升时期，艺术风格表现出了无穷的宇宙意识，体现了浪漫主义和现实主义相结合的精神，深沉雄大，飘逸自由，在中国美术史上放射着夺目的光彩，占有极其重要的地位。

然而由秦入汉后,从长年征战的残酷时代进入休养生息的平静生活,艺术的风格随着社会风貌的变化而流转。皇权的威严、市井的活泼,永生的向往、现世的快乐,都在此汇聚、发展,中国艺术的表现内容得到了极大的丰富,艺术的主题也获得了长久的延伸。

如若将先秦时期的文化总结为由原始萌芽到百家争鸣,那么,秦始皇大一统时代的来临,则是将中华文化带入了逐渐走向稳定与统一发展的时期。书同文、车同轨,以及度量衡的统一,使长期处于战乱中的华夏大地有了同一性的制度与规则,也将人们的文化心理逐渐统一起来。秦朝虽短暂,但它所建立的统一基础,在一定程度上奠定了此后近一千年中华文化最为具有生命力的繁盛发展时代。

从西汉到唐朝,中华民族的文化形态进入了多元发展及繁盛时期。汉武帝时"罢黜百家,独尊儒术",使儒家学说成为伴随社会发展的重要思想核心;此后千百年来,即使历史时有动荡流转,儒家学说的重要性及其地位却始终留存。直到 21 世纪的今天,儒家思想依然影响着中国人民的生产与生活。东汉时,道教兴起、佛教传入,给中华大地上的文化形态带来了新的变化与活力。佛教的传入对封建社会时期人文思想的发展更是产生了深远的影响。进入魏晋时期,玄学兴盛,多种文化形态既相互冲突,也相互交融,为此后隋唐时期文化的大繁荣奠定了基础。

三 魏晋:文化融合与碰撞的时代

魏晋南北朝最明显的时代特征是其动荡不安的政局。汉末以来剧烈的社会动荡与变革,引起了社会思想的深刻变化。汉时占据统治地位的儒家思想受到强烈的冲击,独尊儒术的局面终被打破,各家思想都有不同程度的发展,并相互有所影响和融合,呈现出自战国以来的又一次自由、活跃的局面。东汉明帝永平十年（67年）佛教传入中国，经三国两晋到南北朝四五百年间，佛经的翻译与研究日渐发达。随着佛教的传入，佛教艺术也在我国迅速展开。此时期文化的开放与包容，使中国艺术从内外两个方面有重大突破。内是指在汉代美术基础上继续深化传统艺术的表现性，外是指吸收、消化佛教等外来艺术精华，开创空前未有的审美境界。思想文化南北交融、东西并汇，促进了艺术的转变和发展。

自公元前221年秦王扫六合以降，中国经历了秦汉400余年的统一。空前的社会统一使思想界形成了趋于一致的价值观，儒家学说成为两汉时期阶级统治的不二选择。但随着东汉末年刘氏皇族统治的日益衰弱，整个社会经历了东周以后从未有过的动荡。在这样的背景之下，士族阶层发展壮大起来，他们为争夺利益不断进行派系战争，造成了皇权不停更迭，经济发展缓慢。人们常常骤得骤失，生死难测，士人们在"忠不足以卫己，祸不可以预度"的时代里，饱尝了国破家亡、颠沛流离之痛，开始对现实失望，对前途悲观。在福祸难测斧刃相煎的时代里，手无缚鸡之力的士人们深切感到人生如寄，命若浮萍，他们不住地发出类似"天地无终极，人命若朝霜"的感慨。在这样的心理状态之下，文人们不再为所谓功名而被迫认同朝廷规定的统一价值观，他们开始随己所欲，尽情表现真实自我。

魏晋绵延二百年，上承两汉，下启唐宋，是中国古代思想史和美学史的重要发展阶段，被称为我国美学的第二黄金时代。在这一时期，士人们在动荡社会中体验着逼仄的生命，形成了沉郁而潇洒的人生态度，成就了中国历史上无法复制的独特的美学精神。

四 唐代：开放包容的审美精神

唐代是我国封建社会的鼎盛时期，疆域辽阔、国威强盛、气势恢宏。不羁的自由精神，对唐人的理想、志趣、立身准则、行为方式、审美追求，都产生了深远影响。唐代具有对各种文化艺术兼容并蓄的非凡气度，广采博取，为多元文化的并存和中外文化的汇集营造了适宜的氛围，形成了一种波澜壮阔的历史文化景观。凭借着强盛的国力，文化呈现出大气、多元、包容之气势，并且吸引了众多域外人士来到中华大地上学习、交流，艺术成就十分辉煌。唐朝是我国古代诗歌发展的顶峰，流传后世的诗人数以百计，李白、杜甫等人更是家喻户晓；书法艺术的发展更为多样，不同书体显现出个性化的风格，涌现了如张旭、怀素、颜真卿、柳公权等一大批书法家；古典绘画走向成熟，众多流派与画法均是在此时期发展演变出来的，如今在我国的艺术宝库敦煌莫高窟中，还能够见到唐时壁画，线条流畅，气韵生动，充分体现了我国传统文化的迷人魅力。

唐代在思想文化上继承魏晋南北朝的遗产，包括外来的非汉族文化也一同继承下来，加之政治开明、经济繁荣、社会稳定、中外交流频繁，形成了容纳不同思想意识和文化形态的社会背景，这对女服的迅速发展提供了极其有利的条件，致使女服出现了丰富多彩、雍容华贵的服饰造型。隋末唐初始至盛唐时期，妇女着男装或胡服是封建社会兴盛期服装的一大特点。究其原因，一是社会风气的开放，女性着装的自由度很大；二是受西北少数民族及外来民族服装的影响；三是妇女猎奇心理和趋同求异的服装规律的内在作用。李思纯的《唐代妇女习尚考》指出，唐代政权的基础以北系鲜卑族因素为主要成分，故在社会生活风俗习惯上流露出非汉族的鲜卑习尚，在妇女生活方面颇为突出。唐人不欣赏病态美，而是欣赏健康美，故妇女不习于柔弱，而惯于骑马驰骋。唐代妇女的习尚看似少数行为，其实却是社会全体的写照。《新唐书》写虢国夫人出行，"靓妆盈里，不施帷障"。可见当时上层社会的女性可以自由出行，而无须障蔽，普通的士庶之家又加以模仿。女性自由骑马出行，看似小事，却从一个侧面反映了大唐开放的社会风气，这与当时流行的胡化风气相关，但其实更反映了李唐帝国的国力强盛与开拓气魄。

五　宋代：美上升为哲学理念

"安史之乱"后，中国文化心理结构产生了一次重要的转折：文化心理开始向宋型文化转向与过渡。唐的气质是向外的、张扬的，而宋的气质则是向内的、收敛的。古代美学，到宋代达到一个极致，圆、方、素色、质感走向更为单纯的境界。宋人用一种墨色创造出氤氲流转，万千山河。

在宋代，绘画已升华为一种哲学，呈现出"反"绘画的倾向，即反写实、反形式、反色彩，使艺术走向更为纯粹的理念之中。单一用色的审美观念，体现了艺术的理念与形式已经成为一种成熟的哲学思辨。山水画在表现自然而又超乎自然、营造境界方面达到了一个高峰，其所形成的山水画符号系统和审美规范成了中国绘画艺术具有特征意义的重要标志。五代宋初的山水画，多为客观的、全景整体性的描绘自然，富有一种深厚的意味。强调客观地描绘自然景物，艺术家个人情感思想没有直接外露，推崇"无我之境"。

北宋中期，文人画家异军突起，强调绘画作品应表现个人的文化素养和性灵情感，给中国画增添了富有独特意义的内容和形式，对中国艺术品格的影响极为深远。文人画也称士大夫写意画、士夫画，泛指中国封建社会中文人、士大夫的绘画，有别于民间和宫廷画院的绘画，始于唐代王维，讲求笔墨情趣，脱略形似，强调神韵，并重视书法、文学等修养及画中意境之表达。

宋代由唐代的繁华绚烂过渡而来，绘画上产生了水墨的空灵隽秀，工艺上发展出了宋瓷的洁净高贵。宋人的绘画与视觉美术，开拓了更高的意境上的玄想，让色彩褪淡、让形式解散。汝、官、哥、钧、定五大名窑，"青如天、明如镜、薄如纸、声如磬"。宋瓷，从形而下的器物升华为一种精神。宋代艺术的动人之处，在于用"隐含"的方式存在，又使存在变为一种理念。在宋人的时空里，艺术向生活领域大幅度推进，与每个人的生命相生相融。宋人精神上的充沛与觉知，不是在隐秘之处完成的，而是在柴米油盐的生活中，完成了与美的对视、观照，并最终内化于心。

两宋时期，文化形态趋向精致，词在此时期达到顶峰。同时，理学得到了建构与发展。理学是中国后期封建社会最为精致、最为完备的理论体系，其影响也十分深远，早期由周敦颐、张载奠基，形成于程颢、程颐，朱熹为集大成者。除理学外，市民文化也在宋朝生发，并成为此时期一种重要的社会思潮与生活形态，传世名作《清明上河图》便展现了宋代市民文化的活力与繁荣。学者陈寅恪先生曾说，"华夏民族之文化，历数千载之演进，造极于赵宋之世"。

宋代城镇化高达三成，农业不再是立国之本。制瓷、纺织、造船等制造业发达，商业和小手工业蓬勃发展，使得宋朝"以工商惠国"的政策得以稳定实行。北京大学古代史研究中心邓小南教授曾说，从唐到宋是平民化、世俗化、人文化的社会变迁过程。由唐入宋，不再是长河落日、匹马单弓，而是庭院深深、飞红落英，寻求心灵的安慰与世俗的平安喜乐。超然放达的"心闲"境界，是宋人生命体验与实践当中极为重要的理念，使其在复杂的二重性社会文化格局下，抵达内心安稳，体味生活的美好与俗常。

六　元明清：在禁锢中前行

元明清时期，中国传统文化的演进逐渐进入了总结阶段。这期间，元朝出现了规模宏大的多地域文化交流，明清时期出现了诸多带有总结性质的文化典籍，如《永乐大典》《四库全书》《本草纲目》等，成为后人了解当时社会与文化的重要参考与思想源泉。

明清是中国封建社会的最后两个王朝，社会经济与文化在保持封建体制不变的状态下向前缓慢推进。统治者对人们的思想控制很严，宫廷绘画活动不敢越轨，文人作画更要谨慎，稍有不慎就会招来杀身之祸。在这种文化钳制下，对现实的表现变得愈加艰难，只得转而摹古。明代中期江南地区出现了资本主义萌芽，新的文化意识影响到了文人书画及市民文化的发展。文人士大夫绘画仍占有主导地位；民间绘画活跃，年画与版画成就突出；西方美术开始传入中国。总体而言，明清艺术在禁锢中依然前行，有着走向多元化的特点。

七　传统审美文化意识与当代中国

当前，除工业社会中现代的文化形态，及进入21世纪以后，后工业社会中更为多元、新兴、数字化的文化形态之外，中国大地上一切与传统相关联的文化形态都可称为中华传统文化；它是中华民族思维方式、价值取向、伦理观念、审美情趣等精神智慧的总和。中华文明有着五千多年的历史，其间虽经历很多曲折却始终没有中断，中华优秀传统文化孕育了中华民族宝贵的精神品格，培育了中国人民的价值追求，也支撑着中华民族生生不息、薪火相传——它是中华民族生存和发展的"根"。

马克思在《政治经济学批判》一书的序言里这样写道:"物质生活的生产方式制约着整个社会生活、政治生活和精神生活的过程。不是人们的意识决定人们的存在,相反,是人们的社会存在决定人们的意识。"[1] 马克思的论断强调了人的社会存在所蕴含的巨大作用与推动力,随着国家物质文明的高速、繁荣发展,人们的精神文明也在不断地深化与进步,人们对精神生活的需求日益提高,而这种精神上的发展进步,必然会带来整个民族文化的提升。时至今日,传统的文化艺术形式越来越得到人们的关注与喜爱。在物质生活得到极大丰富的今天,人们的精神追求不断走向更高的层次;在日常生活审美化的浪潮下,人们对美的理解不断深入,美的熏陶已走进生活的各个角落之中;审美,已经成为一种重要的生活方式。

中国艺术精神的发展,是在不断地融合、创新中形成自身品格的,与传统文化一样,呈现出强大的生命力、包容力与凝聚力。在发展过程中由于时代的变迁更迭,虽有遭受曲折与冲击,却始终保有着顽强的接续力量,使重实少玄、崇尚自然、仁爱中庸等理念,始终根植在中国人的文化基因之中。这些千百年所传承的文化理念,已经浸润在每个中国人的生活形态之中,成为日用而不觉的价值观,也构筑成了中国人独特的精神世界。传统文化艺术展现着中华民族的生存方式、承载着中华民族的精神家园。中华优秀传统文化积淀了中华民族最深层的精神追求,代表着中华民族独特的精神气质与精神标识,存留着世代传承的文化基因,为中华民族生生不息、发展壮大提供了丰厚滋养,同时蕴含着独特的创造性和深远的精神理念。从传统文化艺术中了解中国,能够看到中华文明的传承与精髓所在,能够了解中华民族

---

[1] 《马克思恩格斯选集》(第2卷),人民出版社,1995,第32页。

的形成、发展与路径，更能够触摸到民族的精神根基与共同记忆。

"文化是民族生存和发展的重要力量。人类社会每一次跃进，人类文明每一次升华，无不伴随着文化的历史性进步。一个国家、一个民族的强盛，总是以文化兴盛为支撑的，中华民族伟大复兴需要以中华文化发展繁荣为条件。对于一个民族的生存与发展来说，文化具有至关重要的意义和价值。"[①] 文化的实质在于引导人们认识过去、看清当下，并不断超越表象，逐渐进入本质，获得长久、持续、稳定的价值意义与智慧力量。对于一个民族来说，文化的延续、传承、发扬，是人们获得共同价值心理与民族凝聚力的重要来源与根基，并由此得以塑造一种强大、持久、稳定、内生的族群认同感。

---

① 《习近平在文艺工作座谈会上的讲话》，《人民日报》2015年10月15日，第02版，第1页。

传统法律文化的哲学基础和当代价值
——以论韩非子的法治思想为例

诸琦睿　刘田原[*]

摘　要：韩非子是春秋战国时期独具特色、影响深远的思想家。韩非子的法治思想是法家思想的集大成，并成为秦国统一六国的理论基础。他主张人性自私的性恶论，并提出了天人之分、辩证法以及唯物主义的哲学思想，在此基础之上建立了一个完整的法治思想体系，其中包含了明法任法、重刑轻赏以及选官治吏的内容。韩非子的法治思想对于当今全面推进依法治国、建设社会主义法治国家仍具有重大的借鉴意义，对其要坚持辩证地分析和批判地继承，尊重和发展中国传统法律文化的本土优势。

关键词：韩非子；法治思想；依法治国

法家思想是中华民族传统文化的重要组成部分，对中华民族的发展有着深刻的影响。韩非子（约公元前280～前233年）是法家思想的集大成者，他不仅吸收了儒家有关礼仪、道德的相关概念，也对法家思想进行了整合，并在此基础上构建了自己的一套法治思想体系。

---

[*] 诸琦睿，中共中央党校（国家行政学院）马克思主义文化学在读研究生；刘田原，中共中央党校（国家行政学院）法学理论在读研究生。

韩非子的法治思想中包含着许多法学理论发展和法治建设的思想资料，他遗留下来的思想和经验总结虽然带有一定的历史局限性和缺陷，但仍存在很多值得我们借鉴的智慧结晶。梁启超在《先秦政治思想史》中指出，我们要建设现代的政治，一方面要采用法家的根本精神，另一方面又要对他的方法条理加以修正。所以我们不应当忽视韩非子的法治思想，而是要对其进行深层次的挖掘整理、批判和继承，这将有助于当今法学理论的研究。再者其思想和精神当中所包含的合理成分，也有助于当下发展社会主义民族新文化和加强政治文明建设①。

一　韩非子法治思想的哲学基础

韩非子主张人天生带有自利本性，并在此基础之上建立了法术势相结合的法治思想体系，同时还为这些法治思想提供了历史观和伦理学方面的根据，并为之建立了一套完整的哲学基础。

（一）天人之分思想

春秋战国时期百家争鸣，当时哲学领域的争论焦点在于"天"和"人"的关系问题。先秦诸子的思想体系具有同构性，他们都以天人模式作为其思想的根本价值基础。儒家孔孟学派主张"天人合一"的观点，这是他们整个理论体系的基础，并且以"天人合一"为基础，推导出"天命论"。孔子曾说过，君子应当有三点要敬畏，敬畏天命、

---

① 韩非子以法治国的思想理论对于我们当下仍具有重大的借鉴意义。我国市场化改革40余年，在法律上仍然存在法律体制不完善不发展的现实问题，如何完善与发展，这是摆在我国学者、立法者、执法者以及司法者面前的现实难题。面对世界经济全球化和一体化的发展趋势，进一步进行全面深化改革，建设社会主义法治国家，我们需要锐意改革的精神，更需要从传统文化的根中汲取养分。

敬畏王公君侯、敬畏圣人的训言。颜回也提出了"死生有命，富贵在天"(《论语·颜渊》)。他们把天看成世间万物的主宰，而天命就是上天的意志；人的生死、富贵都是由天命所定，任何人都不能违背这一意志，否则就会"获罪于天，无所祷也"(《论语·八佾》)。很明显，当时孔孟学派鼓吹"天命论"是为了维护礼乐崩坏的奴隶制，以期达到控制人心、防止奴隶暴乱的目的。

韩非子在继承荀子哲学思想的基础上，对其进行发展和完善，并以此对儒家鼓吹的"天命论"进行了猛烈的抨击。荀子、韩非子主张"天人之分"的观点，荀子提出"明与天人之分，则可谓至人矣"(《天论》)。他认为，自然界有着自身的规律，不会因为某个人圣明或残暴而改变；而且它和人之间存在职能划分，明白这一点才能看懂世界的本质。同时他主张"制天命而用之"(《天论》)，鼓励人们掌握和利用自然规律造福自身，而不是试图去改变规律。借此，荀子对孔孟学派的"天命论"进行了批判，反对将上天看成人类的主宰、将自然界自身的规律变化跟政治生活混为一谈。

"若天若地，孰疏孰亲？"(《韩非子·扬权》)"非天时，虽十尧不能冬生一穗。"(《韩非子·功名》)韩非子在荀子思想的基础上展开了更进一步的阐述，他认为强调"天"对于人们来说没有亲疏之分，只是按照自己的规律在运行，同时他也强调了利用规律的重要性，如果不遵循自然规律，即使十个尧也不能让麦穗在冬天长出来。此外，他进一步对"天命论"进行批判。他认为天命、鬼神是根本不存在的，他在《韩非子·亡征》中指出，办事挑选吉日良辰，敬奉鬼神，迷信卜筮，喜好祭神祀祖的，可能会导致国家灭亡；其原因在于，如果信奉天命、鬼神，人们就会轻慢法度，阻碍国家法治进程，最终会造成社会混乱、国家灭亡。韩非子通过批判鬼神，推崇"天人之分"思想，以此来否定"天命论"，为其法治思想奠定了哲学基础。

（二）朴素唯物主义思想

韩非子还从唯物主义的角度出发批判地改造和继承了老子关于"道"的概念，为其法治思想提供哲学依据。老子首先提出了他对道的理解："有物混成，先天地生，寂兮寥兮，独立而不改，周行而不殆，可以为天下母，吾不知其名，字之曰道。"（《道德经》）。"道"是道家的思想基础，老子认为"道"在天地出现前就已经存在了，"道"衍化出宇宙万物，是万物之始。其中"道"是第一性，宇宙万物是第二性。老子关于"道"的论述类似于黑格尔的"绝对精神"，把"道"看成至高无上的非物质精神本体，属于客观唯心主义范畴。

"道者，万物之所然也，万理之所稽也。"（《韩非子·解老》）韩非子仍然沿用了"道"的概念，但是他所理解的"道"有别于老子。他认为整个自然界和天地万物的运动、变化总规律就是"道"，具体事物的规律是"理"，二者是辩证统一的。其中，"道"是"理"的总和，"道"寓于"理"当中，"理"是"道"的具体表现形式。此外，他认为"道"存在于天地万物之间，是伴随客观事物发展始终的客观规律；并且它是无处不在的，存在于具体事物的方方面面。在这里，韩非子物化了"道"，对其进行了更深刻的阐述，形成了朴素唯物主义思想。

"万物莫如身之至贵也，位之至尊也，主威之重，主势之隆也。"（《韩非子·爱臣》）。韩非子论述"道"是想在理论上论证君权的至高无上和独一无二。在他看来，道是至高无上的，君权就是像道一样的自在自为的存在本体，民众的一切行为、思想都必须遵从君主的意志，以之为标准。对"道"的论述，为他的法治思想提供了哲学依据。"守自然之道，行毋穷之令。"（《韩非子·功名》）他把法治与"自然之道"联系了起来，认为"道"寓于法治当中，实行法治保持法令畅通，就是遵循自然、遵循客观规律。

（三）辩证法思想

在韩非子整个法治思想体系中，为了给法治路线提供哲学依据，他研究了事物多方面的规律，从而形成了初步的辩证法思想。在观察世界、研究事理的过程中，韩非子就已经接触到了许多辩证法范畴，如本质与现象、内容与形式、部分与整体、特殊与整体、现实性与可能性等。这些思想首先是春秋战国时期政治斗争的产物，其次也是对先秦时期辩证法思想尤其是《老子》辩证法思想、《周易》的继承和发展。[1]

"常者，无攸易，无定理。"（《韩非子·解老》）。他首先从理论上论述了发展变化的绝对性，一切具体事物都是变化无常的，所谓"常"是没有定理的，不处在固定的某一点上，同时它不生不灭、永恒存在。世界上的万物每天处于变化之中，先盛而后衰、由生而后死。他坚持事物发展的绝对性，但并不否认事物在发展过程中的相对稳定性，同时还认识到某些事物内部的矛盾性对该事物发展起到推动作用，肯定了发展变化的前进性。社会历史的发展是一个由低到高的变化过程，历史的车轮是滚滚向前的，它不会停滞在某个阶段或者简单地重复过去。每一个时代都会有其自身的任务和社会需求，也会有一套与之相适应的解决办法和治理办法。[2] 其次，韩非子强调事物中普遍地包含着对立面，绝对纯粹和完全理想的事物在现实中是没有的。"时有满虚，事有利害，物有生死。"（《韩非子·观行》）"无难之法，无害之功，天下无有也。"（《韩非子·八说》）这是对立面存在的普遍性，在这个基础上，他又强调对立面之间相互联系的特殊性，以及在

---

[1] 孙实明：《韩非思想新探》，湖北人民出版社，1990，第182~192页。
[2] 韩非子对历史发展过程的解释虽然不甚科学，但相较于神意天命，其用历史内部的自然原因说明历史的发展，并且自发意识到历史发展的决定力量在其内部的矛盾性，这在其所处历史时期与环境下已经是相当进步。

他的著作中还论述了事物之间存在的斗争性和统一性。① 在他看来，对立面双方的地位和性质是可以相互转化的，并且对立面的转化必须经过一个量的逐渐积累过程，突变和质变总是在逐渐量变的基础上发生的。

二 韩非子法治思想的主要内容

韩非子的思想虽然局限于当时的社会历史条件和封建礼教，同时缺乏与西方思想的碰撞，但不可否认的是其法治思想的基本理念，自产生之后对历代君主都有影响，并一直成为后世国家治理中的基本选择，对中国封建社会的国家治理实际上起到了重大的影响和作用，被封建统治者用作维持中央集权的指导思想。②

（一）明法任法

"明法"就是要以成文法方式公开法令，布之于天下。"人主使人臣虽有智能不得背法而专制，虽有贤行不得逾功而先劳，虽有忠信不得释法而不禁，此之谓明法。"（《韩非子·南面》）他认为，即使君主拥有才能智慧也不能随意地驱使人臣，背离法度进行专制；臣子有贤能之举也不能在取得功劳前获赏；臣子忠诚信义也不能不受法令的约束，任何人都不能凌驾于法令之上。"明法"要求法令条文通俗易懂、明确具体；其中通俗易懂使百姓能够很好地奉行；明确具体让官吏能够方便执法，不让百姓有漏洞可钻。此外，他还提出了"三易"：易见、易知、易为，即要求法律要布之于众，人们能够容易看到，同时

---

① 韩非子虽然承认对立面的统一性，但他认为对立面之间所表现出来的协调和平衡是有条件的、暂时的，而对立面之间的斗争则是永恒的、绝对的。

② 任继愈：《中国哲学发展史（先秦卷）》，人民出版社，1985，第730、770页。

要清晰明确，容易被理解，更要便于执行和遵守。只有做到"三易"，君主才能确立威信，树立法律的权威，使得政令畅通，法律得以贯彻落实。

"任法"就是将法作为唯一准则来判断是非曲直与功过赏罚。韩非子主张"上法而不上贤"，他认为，废除常道崇尚贤者则会导致混乱，舍弃法度任用智者就会国家危亡。很明显，韩非子在这里极力主张以法治国，摒弃人治而推崇法治。在此基础上，韩非子提出"一民之轨莫如法"（《韩非子·有度》）。他认为用法律来治理国家就足够了，让法律成为人民被普遍遵循的规范和行为准则，将人民置于法律的框架内进行统治；从而保证（封建）国家长期平稳与安定。

从西周到春秋战国初期的各个历史时期，国家都是靠礼来调节社会关系、维护社会秩序，并且尤其强调君主个人的品性道德。但其所处的历史环境，宗法贵族内部已经礼崩乐坏，礼治已经不再具有调整社会关系的功能，所以需要具有强制力和客观公平的法律来调整社会关系。另外，"明主之法，揆也"（《韩非子·六反》）。法律具有规范性，用法律来规定赏罚，鼓励耕战富国强兵，这在列国纷争的战国时期是具有相当大的现实意义的。

（二）赏功罚罪

"夫赏罚之为道，利器也。"（《韩非子·内储说上》）"赏罚者，邦之利器也。"（《韩非子·喻老》）韩非子认为，赏罚是治理国家的锐利武器。他告诫君主："治国之有法术赏罚，犹若陆行之有犀车良马也，水行之有轻舟便楫也，乘之者遂得其成。"（《韩非子·奸劫弑臣》）事实表明，秦国就是由于实行法治、明确赏罚，才建立了统一六国的大业。可见，赏罚是法家以法治国的保证，也是以法治国的具体体现。

由于明确赏罚的法律能够调动民众为君主效劳的积极性，所以韩非子认为要用庆赏奖励守法有功之人，用刑罚来惩罚犯法有罪之人。"民有功而受赏，有罪而受诛。"（《韩非子·外储说右下》）在他看来，功就是有利于君主的行为，所以要赏，而罪就是不利于君主的行为，所以要罚。"庆赏信而刑罚必……有赏者君见其功，有罚者君知其罪。"（《韩非子·难一》）一方面，韩非子强调信赏必罚，即有功者必赏，有罪者必罚；另一方面，他又强调赏罚有度，不能随意。赏罚作为治理国家的基本方法必须要有标准，按照标准进行赏罚，这样君主和民众之间就会形成理想的人际关系，社会就能和谐发展。

（三）重刑轻赏

商鞅主张"轻罪重罚""刑多而赏少"，认为应当用严刑峻法来统治人民和防止犯罪的发生，他提出了"以刑去刑"（《商君书·靳令》），企图通过从重量刑，让百姓对刑罚产生恐惧而不敢犯法，最终达到没人犯法从而不需要用到刑罚的目的，简单来说就是用重刑消灭刑罚。

韩非子十分赞同商鞅"轻罪重罚""以刑去刑"的思想，他在发展了商鞅的重刑思想基础上提出了"所谓重刑者，奸之所利者细，而上之所加焉者大也；民不以小利蒙大罪，故奸必止者也"（《韩非子·六反》）。他认为，重刑就是让奸恶之人通过违法手段所获得的预期利益远小于其将可能面临的惩罚的一种刑罚方式，让人民不会为了小利益甘愿冒获大罪的风险，从而使得奸恶被消除。也就是说，通过从重量刑提高奸恶之人的犯罪成本，让他们囿于严刑峻法而不敢犯法，从而达到禁奸去刑的目的。此外，韩非子主张赏罚有度，他在《韩非子·饰邪》中提出了"用赏过者失民，用刑过者民不畏"。他认为不管是奖赏还是刑罚都不能过度，过多的奖赏会让人民对此不以为然，滥用刑罚则会使人民麻木而不畏惧刑罚，产生反效果。但韩非子最后还是偏向于"刑多赏少"，他提出"刑胜而民静，赏繁而奸生"（《韩非子·心度》)。他认同商鞅"奖赏只是辅助刑罚"的观点,认为严酷的刑罚能让百姓安宁,泛滥的奖赏就会使奸恶滋生。因此,韩非子的刑罚思想不可避免地走向重刑的极端,导致"重刑轻赏"。而此后的封建王朝受韩非子"重刑轻赏"思想的影响,把法和刑等同起来,不断加强刑罚统治百姓,使之成为封建帝王维护自身残暴统治的工具。

(四)法不阿贵

"法不阿贵,绳不挠曲。法之所加,智者弗能辞,勇者弗敢争。刑过不避大臣,赏善不遗匹夫。"(《韩非子·有度》)韩非子主张法不阿贵,法律不迁就权贵,不歧视贫贱,不同社会地位和等级的人在法律面前一律平等。法不阿贵的实质就是除了君主之外,要求贵族与贫民平等地适用刑罚,其目的就是尊君以推行法治,维护法治的权威性和严肃性。西汉史学家司马迁在《史记·论六家要旨》中将其概括为:不别亲疏,不殊贵贱,一断于法。

韩非子还主张不辟亲贵,法行所爱。亲者可凭借与君主的关系,贵者可凭借君主给予的地位,而所爱者可以凭借与君主的感情,这三者是与众不同的特殊人物,他们最容易逃脱法律的制裁。如果这三类人都没有特权,那么普通百姓就更不可能逃脱法律的制裁了。他强调贵族在法律面前与普通百姓是平等的,一旦触犯法律,都必须惩处,不得例外。"故明主使其群臣不游意于法之外,不为惠于法之内,动无非法。"(《韩非子·有度》)只有君主才能拥有不受法律制裁的特权,臣民对君主违法只能加以劝谏,不能施以刑罚。但是,君主也要在一定程度上受到法律的约束,要按照法律来监督臣下,而不可以为所欲为。

(五)法随时变

韩非子认为,法律一旦制定,就必须具有统一性和稳定性,不能朝令夕改。法律是全国臣民奉行的准则，如果没有相对的稳定性，法律就会丧失可信度与权威性，使臣民无所适从，奸臣便会在新、旧法律相互矛盾时满足私欲。但韩非子也承认，治理国家的法律如同历史一样，是不断进步和发展的，所以法律也不是一成不变的，需要适应社会的发展变化而因时制宜，法随时变。社会历史是在不断变化的，法律自然也要相应变化，只有法律和时势相一致了，才能达到治国的目的。如果时移而法不变，法与时违，不仅不能治国，反而会乱国。"时移而治不易者乱，能治众而禁不变者削。故圣人之治民也，法与时移而禁与能变。"（《韩非子·心度》）这是韩非子在继承和发展了商鞅固法理论基础上提出的，看似有点矛盾，但其宗旨是一致的，都是为了更好地发挥法律的社会规范功能。

（六）严格执法

"夫治无小而乱无大。法不立而诛不必，虽有十左氏无益也；法立而诛必，虽失十左氏无害也。"（《韩非子·内储说上》）韩非子认为，法律的权威在于执行，要让法律发挥其应有的威力，就要让法律得到切实执行。在执法时，必须不枉不纵，严格依法处置，而不能肆意妄为，任意加重刑罚。功罪只要一经法律确定，执法者就不能自由裁量。这就要求执法者在执法时要力求公正，严格依照法律的规定赏功罚罪，以维护法律的权威性。这样不仅能够维护君权和国家的利益，而且对全体臣民也是一种保障。

在执法时还要绝对理性地依法办事，不能让法治被任何情感所左右。如果弹性或者残暴地执法，那么法治就一定会遭到破坏。"以功受赏，臣不德君……以罪受诛，人不怨上。"（《韩非子·外诸说左下》）他所设想的理想状态就是君主按照法律严格执法，百姓按照法律严格守法，这样臣民如果因为违法而受到刑罚就不会怨恨君主。反之，臣民因为守法而受到奖赏，也不用感谢君主，更不会因为君主的喜怒或好恶而无所适从。

（七）选任官吏

在韩非子看来，官吏是君主治理国家的关键，治理国家最核心的就是治吏，而治吏的第一步便是选吏。"任人以事，存亡治乱之机也。无术以任人，无所任而不败。"（《韩非子·八说》）君主选择什么样的人管理国家，这是国家兴衰的关键，君主一旦没有选择正当的官吏则必然会导致国家治理的失败。对于选任官吏的标准，韩非子认为应该选用能人来治理国家，选吏的根本就在于有没有能力。有能力就可以被选任，而没有能力即使道德再好也不能为吏。

对于选任官吏的问题，儒家主张依据门第、等级选取人才；而韩非子则不以为然，他主张"因任授官、程能授事"，反对儒家的门第观念和等级制度，大力提倡以个人的才能、威信和贤德作为授官、授事的标准，强调不拘一格任用贤能之士。君主选任官吏的目的就在于让他们掌握权势治理国家，选吏是根据能力还是德行，这本是两难之事。"人主有二患：任贤，则臣将乘于贤以劫其君；妄举，则事沮不胜。"（《韩非子·二柄》）任用贤能的人可能会凭借才干来夺取君位，而随便选任又不能达到对国家进行有效治理的目的。"无术以用人，任智则君欺，任修则君事乱，此无术之患也。"（《韩非子·八说》）君主如果没有适当的方法，聪明的人可能会欺骗君主，有德行的人有可能会为君主坏事。"明主者，推功而爵禄，称能而官事，所举者必有贤，所用者必有能。"（《韩非子·人主》）"主利在有能者而任官。"（《韩非子·孤愤》）面对选任有能力的人可能会被欺骗、选用有德行的人可能会坏事的两难选择，韩非子主张选用前者而非后者，他认为做官的首要条件就是才能，君主治国的道术就是根据人的能力而授之以官职。

三 韩非子法治思想的历史局限

秦始皇在秦国全面实行韩非子以法治国的方略,最终统一了六国,建立了中国历史上第一个统一的中央集权国家,但其仅统治了短短的十几年,这从另一个侧面证明韩非子的法治思想具有局限性。

(一) 禁锢人文思想

韩非子在继承荀子的"性恶论"基础上提出,每个人天生都是自私自利的,并皆以算计之心待人。这种自私自利、趋利避害的本性是无须改造的,就算是用道德、礼仪进行教育感化,也不能改变。"凡治天下,必因人情。人情有好恶,故赏罚可用,故禁令可立而治道具矣。"(《韩非子·八经》)所以,在现实生活中应当尊重这种好利本性,把法律建立在利的基础之上,用赏罚来引导和激励民众为国效劳、为君效力。这种"好利恶害论"是韩非子以法治国的理论基础,其政治意向是符合当时的历史发展潮流的。但是,其自利思想具有消极的一面,在一定程度上影响了高尚的道德情操,削弱了精神力量的作用。

韩非子专注于历史法则与人文伦理的不和谐之处,并将这种不和谐推向了极端,认为务实功利实行法治可以长久得利,而倡导道德实行人道则是后患无穷。因此,崇尚实用、好功逐利是韩非子推行法治的价值追求和哲学基础。"君人者,国小则事大国,兵弱则畏强兵。大国之所索,小国必听;强兵之所加,弱兵必服。"(《韩非子·八奸》)他指出,任意而行法,重权势尚功利,是因为强权争执,唯在实力。国家之争绝无仁义和公理可言,道德仁义皆不能解决争端,抵抗外辱、保全独立只有凭借实力。王邦雄先生认为,韩非子的价值观是现实功利的价值观,其价值指向不是在人应该如何自觉的理想上,而是在现实情境可能如何的实际上,故其价值观已无异于实效观。

"明主之国，令者，言最贵者也，法者，事最适者也。言无二贵，法无两适，故言行而不轨于法令者必禁。"（《韩非子·问辩》）在人性自利以及崇尚功利的基础上，韩非子还强调唯法治论，要求给予法律最大的权威，使之成为全社会都必须严格遵守的行为准则。为了避免民众暴动威胁中央集权的封建专制政权，就必须统一思想、统一认识，尚法不尚贤，禁止私学，以法为教。"夫冰炭不同器而久，寒暑不兼时而至，杂反之学不两立而治。"（《韩非子·显学》）他主张独尊法家，禁止其他各家学说，从而陷入了一种极端的文化专制主义。

（二）鼓吹君权大于一切

韩非子的法治思想鼓吹君权大于一切。首先，君主被赋予了一种止乱趋稳的政治功能。君主产生的社会根源在于制止民众动乱纷争的社会无序状态，从而维护稳定的政治秩序。其次，在春秋战国的动荡时期，君主的存在以及君尊臣卑的政治伦理是重建社会秩序、恢复政治权威的客观需要。这种源于历史经验和政治现实的思想认识，具有一定的历史合理性和政治合理性。

"万物莫如身之至贵也，位之至尊也，主威之重，主势之隆也。"（《韩非子·爱臣》）韩非子也讲"道"，但他讲"道"的目的不是阐述哲学思想，而是从理论上论证君主的独尊性。在他看来，"道"是至高无上的，君主就是像"道"一样的自在自为的存在本体，民众的一切思想和行为都必须遵从君主的意志，并以之为标准。在此基础上，他认为国家机器必须严厉地控制臣民，对臣民用刑罚，对大臣有御臣之术。为了稳定君位、加强君权，要加强强制臣民服从的力量，即凭借暴力手段来维护君主的地位和权力。应该说，韩非子站在统治阶级的立场上，抓住了阶级斗争胜负成败的关键。但不可否认的是，他在这个问题上存在极大的阶级局限性。韩非子的君本主义是极为保守和反动的，这种君主专制主义统治了中国两千多年，并在国民意识中形成了个人权利观念缺乏,以及权大于法的权力本位思想。

(三) 主张严刑峻法

"重一奸之罪而止境内之邪,此所以为治也。重罚者,盗贼也;而悼惧者,良民也。欲治者奚疑于重刑!"(《韩非子·六反》)韩非子继承了商鞅轻罪重罚的思想,其目的不是使刑法成为摧残生灵的凶器,而是要使法律成为臣民共同遵守的规则。从严惩处可以加强法律的威慑力,使臣民都能严格地遵守法律。反之,如果刑罚过于轻微,臣民就会以犯罪成本低而违反法律,这对实行法治是极为不利的。同时,对违法之人施以重刑,更有利于惩治违法行为,进而对臣民起到一种震慑的作用,收到杀一儆百的效果。严刑峻法的目的是防范奸邪之人做奸邪之事,在当时的历史条件下具有进步意义。高鸿钧认为,对其不应该简单理解,一是重刑并不是为了惩罚而惩罚,而是旨在借助重刑的威慑,预防犯罪,达到以刑去刑的目的。二是其含有平等意蕴,"法不阿贵"和"刑无等级"的原则包含着"王子犯法与庶民同罪"的朴素平等观,即除了君王之外在重刑面前人人平等。这与"刑不上大夫"的原则相比是一大进步。

但是,韩非子主张以严刑峻法来推动富国强兵政策的实施,施行刑罚的最终目的是消除法律,其实质是把法律尤其是刑法的作用提高到了可以治理一切的高度,轻视甚至完全否定了道德感化的作用。

四 韩非子法治思想的当代价值

韩非子的法治思想对我们今天法学理论的发展和强调法治建设仍然有一定的启发和借鉴意义,如能实事求是地对其进行深层次研究和挖掘,并批判地继承和发展,定会有所裨益。

（一）对待韩非子法治思想的态度

韩非子的法治思想作为中国传统文化中的文明成果，有着重要的本土价值，对其研究分析、批判继承，有着重要的现实意义。梁启超先生1923年在《先秦政治思想史》中提到，我们建设现代政治，要在继承法家根本精神的基础上对它的方法条理进行修改更正，然后加以利用。法家的根本精神在于承认法律的绝对神圣，不允许政府在法律的范围之外行动，这可以说是跟近代君主立宪政体的精神相一致的。[1] 可以说，其所追求上下尊卑贵贱皆从法的精神与当代的法治精神在观念层面并不存在根本冲突。

在对待韩非子法治思想的态度上，首先，我们不能割裂具体的历史背景和事实孤立地去看待评价它，而要从历史唯物主义的视角出发，因为当今中国特色社会主义法治建设也是立足于本国国情、处于历史发展节点的产物。其次，不能忽略中国法律文化的本土优势，中国与西方在观念和制度上都有着相当大的差别，法律文化背景的移植不具备可能性，因而我们不能随意抛弃本国的法律文化。最后，对于历史遗留下来的思想，我们既不能一味地肯定，也不能全然否定，应当坚持辩证地分析和批判地继承。其实，在法的问题上并没有一个绝对真理，每个国家都有不同的历史文化和传统，便会产生出不同的法律制度。但我们可以对传统进行改进，并从别人已有的经验当中汲取源泉。[2] 所以，对韩非子法治思想的研究不是复古，而是新生，是根植于中国传统法律文化土壤的返本开新。

（二）韩非子法治思想的现实意义

以法治国这一主张在中国历史上最早是由管子提出来的。"威不

---

[1] 梁启超：《先秦政治思想史》，商务印书馆，1923，第250~251页。
[2] 王人博、程燎原：《法治论》，山东人民出版社，1998，第389页。

两错，政不二门，以法治国，则举措而已。"（《管子·明法》）此后，法家的代表人物商鞅和韩非子都对此进行阐述和发展。商鞅提出了"秉权而立，垂法而治"。韩非子则直接引用了管仲的话，认为"以法治国，举措而已"（《韩非子·有度》）。这里的以法治国是一种治国理论和治国方略，强调君主个人才能和品德并非国家治理和兴衰的决定性因素，法律制度的有无、好坏才是最重要的；只要实行以法治国就能保证国家的长治久安。其实质内涵就是将法律看成治国理政、调整社会关系，从而实现君主统治的工具。通过比较不难发现，封建帝王专制体制下的以法治国与现代民主制度下的依法治国是不能等同的。但韩非子主张以法治国法治思想仍具有重大的借鉴意义。首先，韩非子的"明法"思想要求法律的制定要明确具体，同时还要通俗易懂，让百姓能够明白；具体到当下，完善以宪法为核心的中国特色社会主义法律体系，既要从大方面着手，处理好各个法律部门之间的关系和界限；又要从小方面着手，通过立法填补法律空白、模糊地带，对于表述不规范的法条及时予以修改。此外，因为法律具有专业性，而且需要严谨地表述每一条文，很难制定得通俗易懂，人民群众对其难以理解；因此，要加强普法教育，用最通俗的话语宣传和解释法律，让法律易于被人民群众所接受，从而提高全民族法治素养。其次，韩非子"赏罚有度"的思想也是值得我们借鉴的。具体来说，"赏罚有度"要求刑罚不能过重或过轻，与当今刑法的罪刑相适应原则有共通点，体现在罪轻规定轻刑、轻判，罪重规定重刑、重判，罪刑相当，罚当其罪。这一思想有助于对刑法的理解和完善。最后，韩非子"选任官吏"思想要求破除门第观念和等级制度，体现了公正、平等的选人用人原则，也体现了当下坚持五湖自海任人唯贤、建设人才强国的战略目标。

（三）全面推进依法治国，建设社会主义法治国家

党的十九大将"坚持全面依法治国"作为新时代坚持和发展中国特色社会主义的基本方略之一，明确全面推进依法治国总目标是建设中国特色社会主义法治体系、建设社会主义法治国家。全面依法治国是中国特色社会主义的本质要求和重要保障。[1] 坚持全面依法治国这一基本方略具有重大的战略意义，这将使中国特色社会主义在法治的轨道上发展，从而使国家摆脱历史周期律。中国全面推进依法治国，建设社会主义法治国家就必须要结合中国的国情、历史和文化，以及社会主义法治建设的实践，走自己的道路，从中国的实际出发。习近平总书记结合中国社会主义法治建设的实践，提出了全面依法治国这一重大战略部署，不仅为中国社会主义法治建设勾画了一个更加清晰的蓝图，同时也指明了我国社会主义法治建设的未来走向。

1. 从以法治国走向依法治国

韩非子的法治是与当时的人治、德治、礼治相对立的一种治国方略。"夫治法之至明者，任数不任人。"（《韩非子·制分》）在他看来，治理国家的最高境界就是以法治国。从西周到春秋战国初期的各个历史时期，都是靠礼来调节社会关系和维护社会秩序的，尤其强调君主个人的品性道德。但在当时的历史环境下，一方面，贵族内部已经是礼崩乐坏，礼治已经不再具有调整社会关系的功能，所以需要具有强制力的法律来调整社会关系。另一方面，用法律来规定赏罚，鼓励富国强兵，这在战国时期是具有重要现实意义的。以法治国作为一种治国理念和方略，是韩非子法治思想的核心与精髓，强调国家的治乱与兴衰关键不在于君主是否英明，而在于法律制度的有无与好坏，

---

[1] 习近平：《决胜全面建成小康社会，夺取新时代中国特色社会主义伟大胜利》，人民出版社，2017，第22页。

其实质就是把法律作为一种治理国家、调整社会关系和实现君主统治的工具。韩非子的以法治国思想对我们今天的依法治国具有重要的借鉴意义。依法治国拓宽和修正了以法治国的内涵，法律不仅是治理国家的强制手段，更是体现了人民的意志，要求在国家治理和社会生活中得到人民的自觉遵守。依法治国是以民主为基础和前提的，是民主制度的保障和体现，其目的是实现人民当家做主。

2. 从法不阿贵走向法律面前人人平等

在春秋战国时期诸侯混战的背景下，韩非子第一次明确提出了法不阿贵思想，其否认贵族有不受法律制裁的特权，这是对刑不上大夫封建等级制度的批判，具有历史进步意义。这一思想是法律面前人人平等思想的理论基础。社会主义国家要保障公民的基本权利，就必须将平等思想体现在法律之中。法律面前人人平等是我国宪法所确立的基本原则，这一原则是对法不阿贵思想的继承和发展。在新时期中国特色社会主义法治建设中，不仅在立法层面要体现人人平等，更要在执法、司法以及守法等层面贯彻落实人人平等原则，只有这样才能全面体现宪法的基本价值。所以，建设社会主义法治国家就必须坚持平等观念、强化平等意识和体现平等精神。

3. 从法与世宜走向法治现代化

春秋战国时期，诸子百家都提出了自己的政治主张。孔子提倡法周公，声言："如有用我者，吾其为东周乎。"（《论语·阳货》）墨子主张法三代（夏商周）："若昔者三代圣王，足以为法矣。"（《墨子·明鬼下》）孟子主张师文王："师文王，大国五年，小国七年，必为政于天下矣。"（《孟子·离娄上》）商鞅主张变法："治世不一道，便国不法古。"（《商君书·更法》）韩非子为了反对儒家、墨家所宣扬的先王之道，提出了自己的法治思想，阐明了发展的历史观。"法与时转则治，治与世宜则有功。时移而治，不易则乱。"（《韩非子·心度》）

他指出，人类历史是向前发展和不断进步的，法律不能复古倒退，更不能一成不变，必须随着历史的发展以及社会现实状况而相应变化。这种法与世宜思想具有重要的现实意义。社会历史是不断发展的，随之产生的社会关系也是不断变化的。那么，调整社会关系的法律自然也应当与社会的发展相适应。我国从过去的计划经济到今天的市场经济，全面深化改革是与时俱进的客观要求，全面依法治国是建设中国特色社会主义的现实需要。应在保证法制稳定统一的前提下，废除过时的法律法规，建立健全适应市场经济发展、尊重人权和保障民生等新的法律法规体系，这也是国家治理体系和治理能力现代化的重要标志。法治现代化需要发挥立法的引领和推动作用，在立法的过程中保障科学与民主的价值内涵，把公平公正贯穿到立法的全过程，实现立法和改革决策相衔接，做到重大改革于法有据，使立法主动适应改革和经济社会发展的需要。

4. 从严于吏治走向全面反腐

韩非子指出，各级官吏对于法律的维护与执行起着无可替代的重要作用，在整个统治结构中，君主治吏比治民更重要，所以他明确提出治国重在治吏。一方面，君主离不开官吏的辅助来统治臣民，官吏的好坏直接影响到君主的利益；另一方面，君主也要治吏禁奸，防止官吏违反法律。为此，他将法、誉、势、术相结合，提出了一套具体的治吏措施。同样，在中国特色社会主义建设中，党的干部是党和国家事业的中坚力量。干部的廉洁性直接影响党和政府的形象，并影响政策的执行效果。腐败是一种毒瘤，严重损害干部队伍建设，为了建设法治中国、坚持从严治党以及夺取新时期反腐败斗争压倒性胜利，我们要借鉴韩非子的治吏思想，与腐败分子做坚决斗争。党的十九大报告指出，人民群众最痛恨腐败现象，腐败是我们党面临的最大威胁。只有以反腐败永远在路上的坚韧与执着，深化标本兼治，保证干部清正、政府清廉、政治清明，才能跳出历史周期律，确保党和国家长治久安。要坚持反腐败无禁区、全覆盖、零容忍，坚定不移"打虎""拍蝇"，坚持重遏制、强高压、长震慑，坚持受贿行贿一起查，坚决防止党内形成利益集团。强化不敢腐的震慑，扎牢不能腐的笼子，增强不想腐的自觉，通过不懈努力换来海晏河清、朗朗乾坤。

五 结语

韩非子作为先秦时期法家的集大成者，他的法治思想对中国传统法律文化以及对历代法制社会的建设，都产生了重要的历史影响，乃至对于当今的法学研究和法治建设仍具有一定的启发和借鉴意义。作为中国传统文化中的文明成果，韩非子的法治思想有着重要的本土价值和现实意义，我们不仅要把目光投向国外法学研究成果，同时也应当根植于中国法律传统文化土壤，立足于中国的具体历史和国情，才能研究和制定出更加有利于社会持续发展的法律制度。

·金融文化研究·

文化金融的战略意义与发展逻辑*

韩顺法**

摘　要：文化金融表现为金融对国家软实力建设的战略性介入，它不是文化产业与金融业的简单结合，而是遵循文化生产规律和文化资产特性的金融创新体系。文化以自身商业属性的释放与金融形成良性循环，并产生相互战略需求。金融能够引导文化产业发展，提升文化软实力；文化能够为金融业务开拓提供创新的领域。从本质上看，文化金融及其各类业务创新是围绕文化产权展开的；文化金融市场的有效与否，在于能否促进文化产业的高效健康发展，这也是文化金融制度安排的原则。在我国，发展文化金融需要政府行使监管与宏观调控职能，健全文化金融服务体系，培育文化金融生态等。

关键词：文化产业；文化金融；文化产权

随着我国文化产业的快速发展，文化产业逐渐成为各类资本和金融机构争相关注的焦点，文化金融也顺势成为社会经济发展的新兴领

---

* 本文系国家社科基金重大项目"中国特色艺术智库研究"（17ZD09）的阶段性成果。
** 韩顺法，管理学博士，南京师范大学社会发展学院教授。

域。文化金融是金融业和文化产业相互支撑、相互融合的产物。作为一个概念范畴,广义上讲,文化金融是文化产业与文化事业中所有的金融活动[①];狭义上讲,文化金融是围绕文化资源资产化过程,在文化产业整个生命周期中的一种融资与服务过程[②],也是指金融支持文化产业、文化产业借力金融、两者相互融合发展的一种产业金融创新活动[③]。文化金融在文化经济融合发展的内在驱动下,已逐步由概念的组合、形成,进入一个新兴业态的培育与成长过程。现阶段,文化金融日益成为国家文化创新体系和国家金融创新体系的重要组成部分。文化是国家"软实力"建设的核心,金融是经济发展运行的"血液",是现代经济的命脉。文化和金融的结合不仅有较强的经济价值,还有不容忽视的战略价值,或者说,文化金融是金融对国家软实力建设的战略性介入。在我国经济转型和文化建设的新形势下,文化与金融如何实现共赢、共享式发展,是当前极其重要的理论与实践命题。

一 文化与金融的战略互动

文化与金融原本是两个相对独立的领域,但自文化产业发端以来,无论是政策推动还是利益驱动使然,文化与金融已经成为不可分割的统一体。文化产业像其他一般产业部门一样具有经济属性,把追求利润、产品的价值补偿和增值为目标之一。可以说,文化产业搭建起文化与金融相互连接的桥梁。在市场经济背景下,文化以自身商业

---

① 段桂鉴:《加快文化金融服务创新》,《中国党政干部论坛》2011年第10期。
② 西沐:《文化金融:文化产业新的发展架构与视野》,《北京联合大学学报》(人文社会科学版)2014年第1期。
③ 傅尔基:《上海:引领泛长三角文化金融创新》,《中国发展》2015年第1期。

属性的释放与金融业形成良性循环和深层次融合，并产生相互的战略需求，最终促进文化与金融的进一步融合。

（一）我国文化发展对金融的战略需求

1. 促进文化产业投融资，提升文化资源配置效率

文化产业本质上是资本贯穿其中的一种市场经济活动。但囿于文化行业自身的特殊性，我国文化企业普遍存在融资难问题。只有借助金融力量，才能突破文化产业的融资瓶颈，助推其跨越式发展，把更多文化资源转化为推动社会进步的力量[1]。Wurgler 的研究表明，金融发展使得各类经济资源的配置效率得到提高，降低了资金供给双方的交易成本，提高了企业投融资效率[2]。拥有成熟的文化金融市场是文化产业对金融资源配置的必然需求。金融手段的运用将增强市场在文化资源配置中的积极作用，激发文化市场活力，延伸文化产业链，提升文化企业规模化、集约化发展水平，推动文化产业转型升级和可持续发展。

2. 发现文化资源价值，确立文化资产定价权

文化遗产是特殊的资源，在市场经济条件下，遗产的价值能够通过供求关系大致反映出来[3]。中国文化遗产资源丰富，悠久的历史积淀使我国文物、遗产、文献的存量巨大，它们是我国文化经济发展亟待开发与转化的战略资源。但是，在开发过程中如何确立文化资产进行定价一直是现实难题。事实上，价值发现是金融市场最基本的功能，也是实现投融资、资源配置等功能的前提。文化资源价值实现需要金

---

[1] 西沐：《文化金融：文化产业新的发展架构与视野》，《北京联合大学学报》（人文社会科学版）2014 年第 1 期。

[2] Wurgler, J., 2000. Financial Markets and the Allocation of Capital. *Journal of Financial Economies*, No. 58: 187 – 214.

[3] 张辉：《关于文化遗产的价值与价格》，《世界遗产论坛》2009 年第 00 期。

融资本在市场运作中起到价值衡量和资产定价的作用。国际金融市场的实践已经证明,市场规模越大,流动性越好,投资者越成熟,资本市场的价格发现功能就越能充分发挥,各类资产就越能得到较为合理的价格。随着我国文化资产进一步融入市场经济体系循环中,文化资产的定价能力和机制愈加需要融入成熟、发达的金融市场,能否实现这一目标将直接关系国家能否获取文化资产定价权,是国家文化安全的重要关切。

3. 助推文化走出去,增强文化影响力

随着中国经济实力的快速提升,中华文化的吸引力已大大增加,我国文化走出去的步伐正在加快。推动文化走出去以及提升国家文化软实力已经成为我国文化强国建设的既定目标。当前,我国与其他国家间的人文交流仍然以政府推动与民间交流为主,虽然动用了大量的行政资源和社会资源,但取得的效果并不明显,甚至引起西方国家对中国文化输出的警惕。在这种背景下,以自由交易为特征的文化商品贸易势必成为最佳途径,市场化交易能够以灵活高效的形式满足国际文化市场的各类需求,这种方式也符合国际经济文化交流的通约法则。在这个过程中,文化商品的输出必然伴随的是金融资本走出去,或者说金融资本应该是文化走出去的排头兵。通过高效运用金融支持手段,助推国内文化企业的对外扩张,建立更广泛的国际传播渠道,向外传递中国声音、弘扬中华优秀传统文化。可以说,金融是中华文化及其精神在更广范围内传播的基础性支撑要素。

(二) 我国金融业对文化的战略需求

1. 提供市场投资机遇,拓展金融服务空间

经过40多年高速发展,中国经济已经到了由"硬"向"软"转化的历史时刻,国民的精神文化需求大大增加,文化等非物质形态的

投资日益重要，文化产业对金融机构的吸引力持续增强。不仅以银行、信托、基金为代表的金融资本介入文化产业领域，而且各种文化衍生品及基于文化的金融产品层出不穷，相关企业的并购重组不断涌现，并产生了极大的利润回报和创富效应[①]。传统金融服务模式也因文化特性被打破，依托互联网技术手段加万众创新的理念，文化金融机制逐渐形成并不断创新。同时，文化产业具有逆经济周期增长的"口红效应"，不受宏观经济下行的影响，还在"精神取暖"等心理诱因作用下逆势上扬，较大程度地减少了投资风险。可以预见，文化产业将是金融投资回报较好以及最为重要的领域之一。

2. 引领国民投资与消费，打造文化资产池

文化产品除具有文化属性外，本身还具有经济属性，是一种重要的金融资产类型。中国除拥有巨大存量的文化艺术品、文物资源外，经过十多年的文化体制改革，中国电影界、音乐界以及出版界，都已涌现出一批在国际上有较高知名度、较好市场表现的文化产品。著名电影人、音乐人、作家所拥有的电影版权、音乐版权和作品版权等，都是具有较好市场估值和商业价值的基础资产。因此，这些创作版权及衍生出来的资产收益完全可以作为基础文化资产池。文化资产是如房地产、股票一样的容纳货币流动性的大类资产，它可以抗通胀、规避风险、获取收益[②]。目前，我国国民收入持续稳定增长，国民的投资需求和消费需求均非常旺盛，外加通货膨胀、流动性泛滥以及优质资产稀缺等原因，把我国文化资产打造成一个引领大众投资与消费并重的金融资产池是顺应时代发展趋势的必然结果。

[①] 赵倩、赵秀云、雷原：《关于文化金融体系建设几个问题的思考》，《经济问题探索》2014年第10期。

[②] 彭中天：《文化创新与跨界融合》，《投资北京》2014年第2期。

二 文化金融发展的基本逻辑

文化金融不是文化产业与金融业的简单结合,而是遵循文化生产规律和文化资产特性的金融创新体系。从根本上说,文化金融是从文化系统到金融系统的一个理论与实践的创新命题,具体涉及文化资产金融化过程中的运作机制及服务支撑体系等多方面的探索研究。

(一) 文化金融的运作核心

金融市场发展的一个重要前提是存在能够交易的资产。对文化金融来说,它的核心是文化资产。文化资产进入市场一定要有合理产权制度安排,那么,文化产权也顺理成为文化资产的外在表现形式[①]。根据文化资产的现有类型,可以把文化产权划分为文化企业股权、创作版权、文化物权(实物资产)以及文化人力资本产权四项基本权益,以及延伸出来的其他相关权益。文化企业股权是与股份比例相应的权益及承担一定责任的权力,主要代表投资财产所有权的核心内容,也是一种利益分享机制。创作版权也叫著作权,是文化产业价值链中最核心的资产。在文化要素资源配置上,围绕版权做文章是文化金融领域创新的关键所在,也是文化与金融对接的重要抓手。文化物权指文化相关主体对文化工艺品、收藏品、文物、文化资源不动产、文化消费品等文化类实物所拥有的各项权利。文化物权的范畴也比传统产权中物权的范围更大,文化物权一般是指具备珍稀属性、文化属性及收藏投资价值的特殊物品,大多有良好的投资价值和升值潜力。文化人力资本产权指建立在创作者自身能力基础上的一种价值增值的权益形式。在文化领域,文化创意主要依靠创作人的智慧、技艺和天

---

① 寿光武:《中国文化金融之路的探索与实践》,《产权导刊》2015年第4期。

赋,文化人才资源一直是影响文化企业核心竞争力的关键因素。尤其是在"明星就是票房,明星就是销量"的"明星经济"效应下,文化人才的荣誉与品牌成为一种潜在的无形资产。在这个意义上,文化人力资本产权同样是文化与金融对接的基础资产。

除了以上几项权益外,文化产权还包括广告、会展、旅游、体育赛事、文化演出等,它们虽然没办法单独通过几项权益来鉴定文化项目,但无论哪项权益的交易与转让都离不开金融工具提供的服务与支持。

(二)文化金融的基本属性

1. 服务对象的特殊性

文化金融的服务对象为个体文化生产者或文化企业,它们的生产成果最终表现为软财富,属于"轻资产"的文化产品,兼有意识形态属性和商品属性[①]。作为软财富的文化资产是一种特殊的无形资产,连接着人类智慧的创新成果,具有附加值高、资产类型多、可重复利用、升值空间大等特征,而且容易受到大众思潮、意识形态、文化风俗及政治喜好的影响。在价值确认上,文化资产不像一般的固定资产那样有较为准确的价值评估尺度,这也是文化企业融资难的关键原因。就中国而言,当前的金融市场发展水平还不能为文化产业的发展提供必要的金融支持,整个文化创意产业存在金融抑制现象[②]。

2. 开展业务的创新性

由于文化企业缺乏可供担保抵押的有形财产,因此,无形资产成为唯一选择[③]。文化金融服务对象的特性决定了在它发展的各个环节

---

① 郑楝、马结兰:《发达国家文化金融发展路径研究》,《中华文化论坛》2014年第7期。
② 睢博、韩丹:《文化创意产业的金融抑制现状研究》,《统计与信息论坛》2013年第6期。
③ 于孝建、任兆璋:《我国文化产业金融创新方式分析》,《上海金融》2011年第6期。

都需要有前瞻性的创新，或者说它本身就是一个新的业态。从资源转化、资产评估、产权界定到流转形式、产业形态都与传统行业有着根本性差异。严格地讲，当前文化金融仍然处于起步探索阶段。真正深度介入文化产业的商业银行并不多，金融机构提供的金融产品品种较为单一，缺乏针对文化企业的体系化、链条化、一站式纵深金融配套服务，多元化、多层次文化金融服务体系尚未形成。即便已经开展的业务在思路上也还不够成熟，多数仍停留在传统的金融业务上，没有达到文化金融新业态的高度。

3. 文化与金融的对立统一性

文化既是精神的又是物质的，代表的是一种生活方式和生活态度，更是一种价值观。文化生产须遵循文艺规律，讲究艺术生命力和价值引导、精神引领、审美启迪。文化发展的原则是社会效益优先于经济效益。但是，金融资本的动机是逐利的，对利润的追求是金融资本流动的根源性动力。正是这种巨大的推动力促使各种独立的生产要素建立起连接，相互分享和交换资源，促使大量的创新产品涌现，使资产在市场体系中高效率流动。金融的意义就是用高效率的系统，帮助更多主体更容易地实现自身价值。如果说文化是价值理性，金融则是工具理性。文化与金融在目标取向上存在一定的矛盾性。

然而，文化作为一种资源，既有文化价值又有经济价值。在市场经济条件下，文化体现出更强的商业属性和大众属性。文化产品的消费群体不再囿于社会少数精英阶层，而是指向了更为广泛的消费群体。基于此，文化产业不仅造就了大众文化形成与变迁，而且由其广阔的消费空间产生了巨大的经济效益。在这一点上，它与金融利益导向下的规模化、社会化、大众化发展基本趋向是一致的。因此，在兼顾社会效益的前提下，两者是对立统一的。可以说，金融只是文化发展的工具，而不是文化发展的目的。

(三) 文化金融市场发展的价值导向

产权市场的发展，尤其是文化产权交易平台出现以后，加速推动了文化产权交易的金融化进程，促进了文化金融的发展[①]。文化资产金融化代表着有更多的社会资本以不同的金融手段广泛参与到文化产权交易体系之中，其直接目的是改变文化资产固有的流动性差、分割性强的小众化市场状态，并发挥金融的价值发现功能以确立文化资产的市场价值。结果就是间接放大了文化产权的投资属性和投机属性。就文化产权的投机属性而言，把文化产权金融化运作，它的受益主要源于由供求变化而产生的价格变动，即通过低买高卖或高抛低吸（也可以演变为投机性的价格操纵）等实现溢价收益。而文化产权交易的投资属性一方面可以作为一种保值增值的资产，另一方面还可以作为生产要素资本投入文化生产体系，产生现金流，形成一定的投资利润，以此形成文化产权交易的投资属性。依托文化金融，能够把文化产权的投资属性进一步扩大，加速文化资产转化为现金流和资本收益进程，这也是文化产权金融化的最根本价值。如果离开了以使用价值为基础的投资属性，文化产权交易的投机属性也就不复存在了。文化产权交易的双重属性说明，在一定时期内，文化资产的市场价格受投资属性与投机属性的共同影响。

发展文化金融的目的是满足文化产业领域存在的多方面、多样化、多层次的投融资需求与人民群众的精神文化消费需求。如果把文化产业作为文化实体经济的话，文化金融则属于文化虚拟经济范畴。与实体经济对应的现代文化生产已不是个体创作者能独自完成的，而

[①] 韩顺法：《文化产权市场的形成动因及发展趋势》，《文化产业研究》2017年第1期。

是需要各种人才、科技、资本等多种要素的协同配置。在这种背景下，文化发展问题的根本解决方案在于植入经济逻辑和资本市场规则，这是文化产业与文化金融存在的根本价值所在。在金融资本的介入下，文化资产具有了快速增值的条件。不过，金融支持文化产业不仅仅是一个单向度的施惠，金融机构关注的是文化产业的利润增长点，在足够利润回报的前提下，敏锐的金融资本会致力于其中并寻求两者最佳的对接途径。

文化金融业投资回报来自文化企业的盈利。文化企业将"文化性"与"商业性"有机的结合，有效降低投资风险，保证文化资产的稳定递增与盈利，是促进金融与文化产业对接与融合的前提。从另一个角度来讲，文化金融市场的有效与否，在于能否促进文化实体经济（文化产业）的高效健康发展。以此为参照，判断文化金融市场有效与否的标准包括：（1）是否有利于文化生产力的提高以及更多优秀文化作品的生产；（2）是否有利于大众文化艺术素养的提升，以及提升优秀文化的影响力；（3）是否有利于创造更多的利润回报和经济效益。最后一个标准以前两个标准为前提。

总之，文化金融一定要包含实体经济成分，以服务文化产业发展为宗旨。在对待投资和投机的问题上，投机者的作用是为金融市场提供了大量的风险资金，而且是市场中最活跃的因素。投机活动推动了市场的起伏运动，增强了交易的流动性，促进了金融市场正常延续的运行。对文化金融来说，固然投机必不可少，但其根本性质依然是正常的金融投资活动。面对市场上的投资和投机，关键在于建立完善的风险控制机制以及监管机制[1]。

---

[1] 李军红、李军岩：《文化金融风险及防范对策》，《中国财政》2014年第14期。

三 我国文化金融发展的实践路径

建设社会主义文化强国以及推动文化产业成为国民经济支柱性产业已经成为国家的既定战略目标。其中,文化金融在这一进程中必将发挥关键作用。未来,我国文化金融的发展应紧密围绕国家战略并以此为基点进行政策设计。

(一) 重视文化金融工作,行使监管与宏观调控职能

文化金融是为文化产业发展提供"新鲜血液"的"主动脉"。由于文化企业及产品具有经济属性及意识形态属性的双重特征,文化主管部门应主动把握文化金融工作大方向,提前介入文化金融发展的过程,引导文化企业和金融机构对接。其中,文化金融监管是政府履行的一项关键职责。在各地文化金融项目不断涌现的背景下,可尝试论证组织成立"文化金融监管委员会"。具体由宣传部门牵头联合银行、证券、文化行政部门、财政部门等共同组建,监管机构应当明确责任、设立门槛、持续跟踪、详细立法、迅速执法。在宏观调控方面,应重视政府财政引导作用,即通过一系列的运作,创新财政的文化投入规模与方式,引导并促进金融体系及各类资本参与到文化金融产品的创新过程中。通过不断改进服务模式,搭建服务平台,实现文化创新链条与金融资本链条的有机结合,为尚处于初创期的文化企业及其支撑体系提供投融资支持,以及做好一系列文化金融服务的政策和制度安排。

(二) 推动国有文化资产运作,发挥国有资本的领头羊作用

我国绝大部分文化资产掌握在国有文化单位手中。在文化金融市场中,国有文化资本应成为引领文化金融市场健康发展的主导力量和

重要支撑。国有文化资产不同于一般的国有资产，它以社会效益为主导。对国有文化资产的监管来说，要求每一个国有文化企业都明确其代表国家的国有资产出资人，建立起专业的、具有独立性的国有文化资产监督管理机构，切实承担监管责任，确保国有文化资产经营发展的正确导向、运营安全、保值增值，实现管人、管事、管资产、管导向相统一。在深化文化体制改革中，须充分发挥国有文化资产管理委员会的组织协调作用，实现国有"存量"文化资源的优化配置和文化产品生产机制的转变。鼓励大型国有文化企业以多种形式参与文化金融：一是让骨干国有文化企业兼并重组和交叉持股，形成一批国有大中型文化产业战略投资者，这是产业金融的重要形态；二是通过成立投资控股公司（准金融控股公司）专门从事文化股权投资和管理，以这种方式进入资本运营市场最直接，也没有政策限制；三是自主成立具有金融资质的融资担保、小额信贷类企业，并吸引民间资本加入；四是参股控股金融企业（如专业银行、产业银行），比如文化银行、文化保险公司和文化信托公司等。

（三）鼓励民间资本进入，促进文化创新创业

文化金融市场上起主要作用的资本主体正在从政府资本、国有资本等下沉至民间资本。事实上，当前文化资本市场最活跃的就是众筹模式和天使投资，民间资本的积极性正在被激发。在执行层面，一方面政府应吸引民间资本加入国有资本文化金融机构的建立，用混合所有制形式让民间资本参与进来；另一方面应培育更多民营文化金融机构。为此，可通过地方立法形式对民营金融机构进行差异化管理，通过监管部门设计和建立相应的考核和评估体系，提升民间资本的积极性。依靠市场机制，培育更多民营文化金融市场主体，是提升文化金融竞争力的着力点。另外，民间资本灵活性强，市场机会把握能力高，擅长企业并购及其创新金融服务模式，在推动文化创新创业方面有着

先天优势。小微文化企业在投融资领域属于绝对"弱势群体",既不受金融机构青睐,本身也没有投融资能力。针对小微文化企业的资金需求,应围绕民间资本,着力打造小微文化企业的文化金融公共服务平台,研发有针对性的文化金融产品,推动建设众创空间、扶持文化创客,大力发展各类文化中介服务机构,完善文化金融的所有制格局。

(四)鼓励创新,优化文化金融合作试验区的创建

文化金融不是文化与金融机械性地"合作",也不是简单的产业"融合",而是一种产业机制,一种内在的经济机理,甚至是一种国家竞争力的机能。在现有体制下,文化与金融能否融合为文化金融取决于以文化资产为标的的金融服务创新能力。文化金融服务创新的范畴涉及:以版权服务为基础,进行服务方式创新;以私募基金和信托计划进一步拓展文化产业的直接投资领域;发展专业化的文化金融中介服务,为金融机构介入文化产业提供一揽子解决方案和配套服务;金融机构要适应文化产业特点,进行业务流程再造与管理创新;推动公共文化服务的金融创新;推动文化走出去和对外文化贸易的金融创新等。每一项创新活动都需要宽松的正常环境和先行先试的推动力,设定文化金融合作示范区是政府推动文化金融创新发展的重要举措。为此,需要充分发挥文化金融合作试验区的企业孵化、资源凝聚和区域辐射作用;立足文化产业发展前沿和弘扬中华优秀传统文化的基点,探索与培育多业态的文化产业发展格局,为文化与金融合作和文化产业大发展摸索经验。

(五)打造良好文化金融生态,培养文化金融人才

文化走向市场与金融对接是推动文化金融发展的基础工作。文化市场是市场经济的一部分,市场经济的核心是产权。首先,政府应从立法层面,旗帜鲜明地保护文化产权,致力于构建"友好型"的保障

体系，加大对侵权行为的制裁力度，提高侵权成本，降低维权成本。其次，不断优化文化金融的制度规则软环境。最后，强化信用体系的建设，结合征信体系建设的大环境，努力开发和创新适用于文化金融特色的信用约束机制，提高不诚信的成本，净化市场环境。坚持"以人为本"的文化金融发展思路，需要加快文化金融复合型人才的培养和引进力度。现代金融发展越发依靠专业人才，而文化产业的核心资产也是人才，二者叠加，对于人才素质的要求更高。一方面，金融从业者需要更加了解文化产品的内涵特色，才能更好地提供便利、安全的创新金融产品；另一方面，文化从业者也须掌握和熟悉金融运作规律，才能根据产业特点有针对性地选择金融产品和服务。因此，应将文化金融人才纳入特殊人才政策范畴，开通文化人才"绿色通道"，为复合型人才、团队与研究机构的形成、发展提供更为有效、完善的条件。

金融深度合作支持粤港澳大湾区文化产业联动发展研究

陈孝明　吕柳坤[**]

摘　要：随着粤港澳大湾区金融合作不断深入推进，金融业与文化产业逐渐融合发展，但在实现文化产业跨越式发展过程中，金融资源配置效率不高导致的融资难仍然是产业发展的瓶颈。本文在分析粤港澳大湾区文化产业发展的基础与优势的基础上，从文化产业自身特点、融资方式、金融配套服务设施等方面剖析制约金融支持文化产业发展的关键因素；基于粤港澳大湾区金融深度融合的视角，从金融产品、金融机构、金融制度三个方面，探讨粤港澳大湾区金融支持文化产业联动发展的实现路径，为提高金融对粤港澳大湾区文化产业的支持提出相应的可行性建议。

关键词：金融支持；粤港澳大湾区；文化产业；金融深度合作

---

[*] 本文系2019年度广东省软科学项目"金融合作提升粤港澳大湾区协同创新能力的机理、效应与对策研究"（2019A101002072）、广州市哲学社会科学发展"十三五"规划2019年度学科共建项目"金融一体化提升粤港澳大湾区创新能力研究"（2019GZGJ239）的研究成果。

[**] 陈孝明，博士，广州大学经济与统计学院讲师；吕柳坤，广州大学经济与统计学院硕士研究生。

一 引言

随着知识、文化、科技、经济的发展，文化与经济相互交融，文化产业逐渐成为经济社会发展的重要支撑，受到党和国家的高度重视，文化产业在我国已经被明确列为国民经济支柱性产业进行打造。金融作为现代经济的核心，金融支持是文化产业快速发展的助推器。在粤港澳大湾区战略背景下，粤港澳三地的金融业与文化产业交流合作不断加深，金融对文化产业支持作用越来越大。但目前在推进粤港澳金融深度融合过程中，由于制度不同、合作交流还不够深入，有关金融机构对粤港澳大湾区文化产业的支持仍存在困难，投融资问题仍然是阻碍湾区文化产业发展的重要因素。在"一带一路"、"自由贸易区"以及"粤港澳大湾区"等国家重大战略不断深入的背景下，如何通过文化金融深度融合促进粤港澳大湾区金融支持文化产业的联动发展，成为当前迫切要解决的问题。党的十九大报告也指出，要支持香港、澳门融入国家发展大局，以粤港澳大湾区建设等为重点，这为聚三地优势、加强三地联动、激发三地潜能，共同发展文化产业进一步明确了方向。本文立足于金融深度合作的视角，抓住粤港澳三地发展新阶段的关键特征，突破以往笼统研究金融支持的局限，探索大湾区金融支持文化产业发展的基础与优势、制约因素以及作用路径，为粤港澳大湾区文化产业与金融融合发展提供可行性建议，以促进大湾区文化产业和金融业的快速发展。

二 粤港澳大湾区金融支持文化产业发展的基础与优势

(一) 粤港澳大湾区地理区位优势显著

从地理位置上看，粤港澳三地山水相连，毗邻东南亚，由多个相连的海湾、港湾、岛屿共同组成，是沿海重要的经济带。湾区大部分竞争力强、发展潜力大的城市群都分布在沿海，优越的地理位置极大地方便各城市甚至海外国家之间的文化交流，并逐渐形成以港湾为中心向周围辐射的城市文化经济产业群。此外，湾区内以香港金融中心为依托，不仅经济发达，基础设施完善，而且2018年10月港珠澳大桥的开通更是一桥连接三地，加快了湾区经济协同发展，有利于加深粤港澳三地金融合作，为湾区间的经济、文化交流创造了良好的条件。粤港澳大湾区发展最显著的特点在于得到国家政策的支持。湾区内实施的是"一国两制"，两种制度下不同的文化在交流中求同存异，碰撞出不一样的火花。在这种特殊的制度与文化交融下所延伸的附加链条，增加了文化产业的竞争优势和比较优势。另外粤港澳大湾区不仅是"一带一路"的重要组成部分，还是21世纪"海上丝绸之路"发展的重要节点，湾区已经上升为国家发展战略，成为国家重点规划发展的地区。在"一带一路"发展倡议下，湾区内独具的侨乡、英语、葡语三大文化纽带也成为面向东南亚和世界交流的重要窗口，为湾区文化多元化交流提供了平台。

(二) 粤港澳大湾区合作机制不断完善

早在2003年中央先后向港澳特区政府签订了CEPA，并承诺内地向港澳开放服务业领域数十个，其中多数属于文化创意产业的范畴。CEPA的签订和实施，推动了广东与香港、澳门建立全面的合作机制，在这之后粤港澳文化交流不断增多，如每年共同举办文化艺术节进行交流、定期召开文化合作会议、共同开设文化合作项目等。近年来，广东省文化厅对于《粤港合作框架协议》《粤澳合作框架协议》的相关要求积极落实，分别与香港、澳门签订有关文化交流合作的一系列协议，使其文化产业合作机制不断完善，进一步推动文化产业区域合作向深入发展。区域合作的平台与活动近年来也不断增多，湾区内充分发挥政府间的合作机制作用，发挥了现有的商会、协会、联盟平台等的作用，创造出新的合作交流平台，如构建文化研究、交流、创作、生产、展示及交易等平台，为构建跨区域的文化产业园区打下坚实的基础。其中在湾区紧密的合作下衍生出深圳前海、珠海横琴、广州南沙三个国家级文化创意产业园区，这三个核心区的设立，使得粤港澳大湾区文化产业合作更为紧密。

（三）粤港澳大湾区文化产业互补性强

近年来，粤港澳大湾区文化产业不断发展，并出现了一批以数字、互联网等高科技为依托的文化新型业态，各市文化产业呈现多样化发展趋势。从整体空间分布来看，湾区文化产业形成了多层次的发展模式。粤港澳大湾区各城市依据自身文化特色发展文化产业，其中香港以庞大的媒体和创意产业群为文化产业发展的主体，素有亚洲广告之称；澳门以其独特的中葡文化、博彩文化打造世界一流休闲娱乐中心；珠三角以出版发行、广播电视、动漫游戏、文化制造业领先全国。尽管湾区内各区域文化产业发展优势不同，但它们之间并非相互排斥，恶性竞争，更多的是利用资源优势互补、合作共赢，成为湾区文化产业发展的一大亮点。港澳让发达的现代服务业不断融入珠三角，为当地文化制造业提供金融、技术、贸易等强有力的支撑，反过来珠三角也向港澳输送丰富的文化产品，弥补其文化生产制造的缺陷，相互满足文化产业多元化需求。这有利于形成一股强大的文化合力，促使先进的文化制造业、文化创意产业、现代文化服务业互相协调发展并三轮齐驱，为粤港澳大湾区文化产业发展创造强大的动力。

（四）粤港澳大湾区金融领域合作日渐升温

作为全球离岸金融中心和全球三大金融中心之一，香港仍然是不少中国企业对接国际资本市场的重要平台。随着内地金融开放程度不断加深，特别是粤港澳大湾区发展规划的实施，三地的金融市场进一步互联互通，金融合作趋势更加显著。目前中国有2000多万家企业，排队上市的企业不在少数，导致国内上市的门槛很高、周期很长，而中小企业在内地上市的机会显得更加渺茫。相较之下，香港不仅是湾区的金融中心，更是国际金融中心，不仅具有悠久且健全的股市交易体系，更具有充沛的资金流动。珠三角企业选择在香港上市，可很好地解决融资困难问题。截至2017年底，受惠于CEPA补充协议六，香港银行业顺利完成大湾区布局，珠三角地区的香港银行网点总数达到147家，占珠三角地区外资银行总数的64%，实现了对珠三角九市的全覆盖[①]。香港不仅具有悠久且健全的股市交易体系，更具有充沛的资金流动，珠三角企业选择在香港上市，可很好地解决融资困难问题。赴港上市的粤企有196家，列各省市之首。港资银行不仅促进了资金在两地的流动，还为两地的金融产品创新带来了活力。

三 金融支持粤港澳大湾区文化产业发展的制约因素

（一）资金需求侧的产业特征制约

文化产业作为新兴产业，其发展起步晚于其他传统产业，在此背

---

① 王晓红：《推动粤港澳大湾区金融合作进一步发展》，《珠海特区报》2018年4月1日，第008版。

景下粤港澳大湾区内的文化产业发展时间短,一些企业发展规模不大。目前湾区内以文化创意产业为主,与传统产业相比,文化创意产业重无形资产、轻物质、投资周期长、回报风险高的特点尤为突出,正是这些特殊性使得文化产业融资在不同程度上受到阻碍[①]。具体表现在:一是以创意为主的文化产业,大多以专利、版权、知识产权、品牌等无形资产的形式存在,其固定资产相对较少,很难通过抵押房屋、土地有形资产的方式获得有关金融机构的资金支持。即使可以以专利、知识产权、品牌等无形资产作为质押贷款,但湾区对于无形资产的评估缺乏统一的标准和准则,无法确定其具体价值,使得融资变得困难重重。二是从文化企业经营的产品对象来看,湾区内文化企业主要以创意、艺术成果为经营对象,产品的创作具有极大的不确定性,且前期产品投资周期长、资金回笼慢、收益不稳定、风险高,其随着市场的变化和消费者的喜好而变化,很难保证其文化企业经营的产品获得稳定的回报。三是湾区内的文化产业发展不平衡,在文化产业发展中大多以中小企业为主,其经营规模不大,内部管理比较混乱,尚未建立起一套完整的财务管理体系,文化企业的内部特征导致其吸引有关金融机构投资的动力不足。

(二) 资金供给侧的融资渠道制约

文化产业的融资主要来源于直接融资和间接融资,粤港澳湾区内文化企业融资还是以银行信贷的间接融资为主,通过提供固定资产、担保等方式获得银行信贷支持。近年来银行信贷支持也逐渐面向新兴的文化企业,如创意文化、影视等,但银行信贷融资门槛偏高,对于湾区中小文化企业的信贷能力不强。从直接融资情况来看,湾区部分文化产业通过有关部门设立的文化产业专项资金来进行融资,但其主

---

① 厉无畏:《文化创意产业的投融资与风险控制》,《毛泽东邓小平理论研究》2011 年第 2 期。

要是设立在广州、深圳、香港和澳门这些经济发达的一线城市，相对于湾区内的二、三线城市则少之又少，大部分地区的文化企业无法直接通过基金解决融资问题。湾区内是以中小文化企业为主，只有少数文化企业能够上市挂牌或发行债券，例如华侨城、腾讯、粤飞动漫等文化企业。然而出现当前较少文化企业能够通过 IPO 等方式直接进行股权融资的现象，很大程度上是因为目前中国证券市场严厉的上市制度。总的来说，粤港澳大湾区文化产业融资情况不容乐观，上市融资、股权融资、债权融资等方式还没有完全推广，只局限于少部分的文化企业，融资渠道不顺畅成为湾区内文化企业融资难的瓶颈。

（三）中介链接层面的配套服务制约

过去金融支持文化产业发展主要是局限于一定物质形态的文化产品。随着文化体制的改革，国家对文化产业发展越来越重视，粤港澳大湾区文化产业在艺术品牌、创意等无形产业方面取得比较大的成果，但由于相关金融配套服务不完善，金融机构缺乏对具有明显资产"虚拟性"文化产业的信任，严重影响了金融机构对文化产业的授信额度，不同程度上阻碍了文化产业的融资发展。其中金融配套服务体系不足主要体现在以下几方面：第一，缺乏专业的评估机构。文化产品多以无形资产为主，价值波动大，在资产评估的时候存在比较大的争议。而目前粤港澳大湾区以至全国对非物质形态的资产都没有一套令人信服且统一标准的评估方法，也没有形成通用、权威的价值评估体系[1]。第二，专门的担保机构比较少。担保机构是实现文化产业与金融对接的重要环节，可以有效降低文化企业获得担保的门槛。虽然湾区已有担保机构，但其远远未能满足文化企业融资的需求，仍需要

---

[1] 陈孝明、田丰：《金融排斥、产融结合与文化产业融资机制创新研究》，《学术论坛》2015 年第 3 期。

建立专门针对文化企业的专业担保机构。第三，信用保险机构尚未有效发挥作用。信用保险机构是分散企业风险的重要途径之一，它可以在企业贷款出现违约或没有能力支付的时候，按照约定的条款进行赔偿，有效降低金融机构贷款的风险。但从湾区内金融支持文化产业发展来看，尚未有效利用信用保险机构作为担保进行文化企业融资。

四 粤港澳大湾区金融深度合作支持文化产业联动发展的作用路径

随着粤港澳大湾区国家战略的实施，粤港澳城市间的金融合作不断加深。粤港澳三地必须加强金融市场的连通与互动，才能有效地发挥市场机制对三地金融资源的优化配置作用，才能对金融机构、文化企业改革产生正面的推动效果。粤港澳大湾区金融支持文化产业联动发展是在两种制度、两个金融管理当局背景下融合发展的，且三地之间的经济、文化方面存在差距，因而推动湾区金融深度合作成为湾区文化与金融融合的重要因素，在这过程中也必然伴随着金融产品、金融机构、金融制度等方面不断创新、求同存异、融合发展。

（一）金融产品深度合作发展

目前粤港澳三地的文化产业发展侧重点不同，地区有关针对文化产业发展的金融产品也风格迥异。而随着粤港澳大湾区金融合作进程的推进，文化产业与金融融合的程度也不断加深，过去传统的金融产品再也无法满足湾区文化产业多样化的需求，这更加要求针对湾区文化产业融合的特点开发合适的金融产品，实现文化金融产品的创新。金融产品的创新不仅可以为湾区不同层次的文化企业创造性提供不同收益性、流动性的金融产品组合，满足文化企业和投资者的需求，还有效地拓宽了文化产业融资的渠道，进一步加大金融支持的力度。可以从金融产品深度合作方面推进湾区金融与文化产业的融合发展，其中以债券、股票、基金等金融产品为重点突破口，拓宽湾区内三地金融市场的合作领域。设计支持优秀的文化企业到港澳发行债券产品，同时鼓励港澳的债券等金融产品在广东发行，加强粤港澳三地证券市场的对接与合作。充分利用湾区内的文化资源和金融资源，共同构建粤港澳三地共同的文化产业投资基金，该基金要打破地域限制，在整个大湾区范围内寻找投资项目，为湾区文化产业发展提供强有力的金融支持。

（二）金融机构深度合作发展

金融机构是金融支持文化产业发展的主体，加强粤港澳大湾区文化产业与金融的融合发展依赖于三地金融机构深度合作的发展。首先，湾区要增强跨区域金融机构合作的意识，引导不同类型、不同实力的金融机构在粤港澳三地互设与合作，增加湾区文化企业的融资方式。具体表现在政策上支持广东银行、证券公司、保险公司等金融机构到香港、澳门设立机构或参股金融机构。对于已在港澳设立的金融机构可以进行不同类型的业务交叉合作，扩大业务范围，实现不同层次的融合，从而增强向海外市场拓展的能力，争取为湾区文化产业融资吸引更多投资者。其次，鼓励港澳有关金融机构到广东设立分支机构，积极参股广东省中小银行，借鉴其银行机构为文化产业提供融资的经验，争取提高港澳文化企业融资在银行信贷支持上的比例。除此之外，粤港澳大湾区还应借鉴西方有关金融机构跨区发展的成功经验，结合湾区文化产业自身发展情况，专门设立一个针对文化产业融资且符合湾区文化产业发展特点的金融机构。同时还需要增强该金融机构与其他机构之间的交流合作，保持金融信息的沟通、共享，进一步强化对湾区文化企业的服务意识，走出一条湾区文化产业融资发展的独特道路。

(三) 金融制度深度合作发展

粤港澳大湾区的特殊性在于湾区的制度不同，它们之间金融制度、政策、法律法规的差异一定程度上阻碍了湾区金融深度合作发展的进程以及文化产业与金融融合的发展。目前三地市场准入制度和上市审批制度的标准差异，以及金融业务法律法规的不同，严重制约了粤港澳大湾区银行业、保险市场、资本市场的深度合作发展，阻碍了文化企业融资所需要的资金在三地之间自由流动。立足于湾区金融深度合作的视角，要使文化产业和金融业充分对接，最重要的是要消除湾区有关制度差异的障碍，推进金融制度合作交流以缓解湾区文化产业的融资约束。一方面，湾区需要建立一个完整统一的法律体系作为文化金融合作的支撑点，如三地之间在修订有关法律制度时应该相互借鉴吸收对方经验，通过借鉴比较逐渐改进有关制度不完善的地方，缩小粤港澳金融法律法规的差异。在此基础上，湾区有关政府还应共同制定一套具有约束力且双方都能遵守的文化产业融资的法律法规。另一方面，湾区需要制定统一标准的金融机构市场准入制度和文化企业上市审批制度。这有利于减少制度的摩擦，促进港澳银行、保险公司等进入广东市场，增加港澳和境外投资者对广东文化产业的投资，同时推动广东省文化企业在香港或境外上市或融资，为加快湾区文化产业融资发展提供大力支持。

五 粤港澳大湾区金融支持文化产业联动发展的对策

在金融深度合作的背景下，粤港澳三地的金融产品、金融机构和金融制度将更好地衔接，香港、澳门的金融优势和珠三角的产业优势存在很大的融合发展空间。在粤港澳大湾区金融支持文化产业联动发展的过程中，需要强调金融深度合作与文化产业相关主体共同作用，三地应联合行动促进资源配置效率提升。因此，结合大湾区金融支持文化产业联动发展的作用路径，建议大湾区各个城市采取如下对策措施。

（一）提升文化产业竞争力，培养合格市场主体

在粤港澳大湾区金融合作不断深入的背景下，金融市场给予了文化产业更多的机会，但文化产业能否获得有关金融机构的融资支持，能否获得投资者的青睐，在很大程度上取决于文化产业以及文化企业自身的发展，这在一定程度上就需要提升文化产业自身的竞争力，加强文化企业自身建设。对于文化企业来说，最重要的是加强自身建设，面向全球的企业竞争，建立现代企业管理制度。政府部门要积极培养合格的市场主体，打造一批具有雄厚实力和影响力的实干文化企业，有针对性地为文化企业制度管理提供帮助。如加强对文化企业管理人员的培训指导，帮助湾区中小文化企业规范内部管理，逐步建立条理有序的财务制度、管理框架、信息披露制度，提高企业信用等级。从而争取通过文化产业竞争力的提升和文化企业自身实力的提高，吸引更多的融资数额，获得更多的融资渠道。

（二）加强湾区金融市场双向开放力度，深化金融合作

在国家宏观金融体制改革不断深入、金融开放程度不断扩大的基础上，加快大湾区金融市场双向开放。金融市场发展的自身，也要求粤港澳三地不断在金融产品和金融制度上不断趋于一致。在粤港澳大湾区范围内率先实现金融要素的深度融通，大湾区内所有金融机构双向开放，实行同等国民待遇。香港作为全球三大金融中心之一，已经实现了资本的自由进出、自由流动，双向开放的重点是珠三角九市的金融市场向港澳开放。在 CEPA 取得丰硕成果的基础上，进一步争取放宽对香港金融机构进入珠三角开展金融服务的前置条件和门槛。香港也可以吸取错失阿里巴巴的遗憾，为新经济文化企业以同股不同权

形式来港上市创造条件,加强与珠三角文化产业的联系。大湾区还可借助国家"一带一路"倡议,共同开发丝路金融,共同打造"一带一路"投融资平台,为粤港澳金融机构开展合作创造更多机会。

(三) 完善文化产业融资体系,拓宽融资渠道

湾区内文化产业的融资主要是以银行为主导的间接融资,这种融资体系对促进文化产业发展有一定的优势。但湾区文化产业融资体系中银行与资本市场之间不协调,直接融资与间接融资比例失衡,难以使文化产业依赖金融深度合作的发展。这需要发展粤港澳区域金融市场,完善文化产业融资体系,确保融资渠道模式的多样化。银行信贷是文化产业融资的重要途径之一,因此湾区有关银行机构应积极创新融资方式,开发合适的文化产业信贷产品,提高对文化产业的金融服务水平。大湾区的银行等金融机构应加快研究和制定适应文化产业特点的具体信贷政策措施,制定适合的信贷管理制度,在为文化企业担保、贷款等方面提供优惠和优质的服务。创新信贷融资方式,提供个性化金融服务。粤港澳大湾区协同合作,为文化企业直接融资创造更多机会,建议香港交易及结算所有限公司在广州设立分支机构,帮助文化创意企业抓住香港上市制度改革的机遇。引导湾区有能力、知名度高的大型文化企业通过主板、创业板或中小板上市,鼓励有条件的中小文化企业通过发行债券、短期融资券、集合债、企业债等多种方式进行融资,借助资本市场进一步拓展文化产业的融资渠道。

(四) 完善金融配套服务体系,构建一体化平台

充分发挥金融市场的作用,不仅可以实现粤港澳大湾区金融资源共享,还可以推动湾区文化产业融资发展,尤其是促进文化产业与金融融合。在湾区内推行金融市场相互开放,使金融与文化资源在区域内自由流动显得非常必要。而湾区金融支持文化产业的发展需借助金

融市场相互开放，这需要湾区有关政府完善金融配套服务体系，构建共享平台，推进湾区金融深度合作。首先，在大湾区内搭建统一标准的无形资产评估机构并完善资产评估制度。湾区需要形成统一的评估机构，统一培养专业的文化产业评估人员，制定一套统一完整科学的评估方法和评估标准，建立可靠的无形资产评估数据库，为有关金融机构投资提供可信的评估信息。其次，扶持担保机构的发展，完善信用担保体系建设。进一步加大对文化企业信用担保体系建设的支持力度，减少信用危机，从而为推动广东与港澳金融市场融合促进文化产业发展打好基础。最后，积极推动文化产权交易平台发展。在支持湾区已有的南方文交所、深圳文交所和香港文汇所发展的同时，加快完善文化企业和投资机构双方信息沟通，减少文化产业转向资本市场的阻碍。

（五）建立粤港澳大湾区离岸文化金融基地，打造三地联动新模式

借鉴国内首个在自贸试验区内试点设立的离岸创新创业基地——上海自贸试验区海外人才离岸创新创业基地的经验，面向港澳海外人才，通过市场化手段构建低成本、便利化、全要素、开放式、配套成熟完善的空间载体，旨在探索文化产业"区内注册、海内外经营"的离岸模式，打造具有引才引智、创业孵化、专业服务保障等功能的国际化的金融支持文化产业的新模式，深入挖掘香港和澳门在金融、创意以及科技方面的潜能。在金融支持文化产业方面，离岸基地将对有意向从事粤港澳大湾区文化产业和金融业的海外人才提供政策、知识产权、技术、投资对接等整体前置服务，并且通过"海外预孵化"，使海外人才在海外完善文化产业项目，显著提高海外人才落地创业成功率。港澳大湾区离岸文化金融基地还将引进国际先进的金融支持理念，吸纳、整合和利用国外技术、资本和市场等资源，提升离岸文化金融基地的国际化水平。

完善我国文化产业投融资法律体系的对策分析

李 支[*]

摘 要：习近平总书记在党的十九大报告中明确指出："没有高度的文化自信，没有文化的繁荣兴盛，就没有中华民族伟大复兴。"然而文化产业的发展伴随着难以逾越的障碍，即资金问题。文化产业风险高、固定资产比例低的特点导致其融资困难，发展受阻。本文试从现行立法角度分析文化产业融资困难的原因，提出文化产业投融资的立法解决建议。

关键词：文化产业；融资；立法

一 问题的提出

当前，我国文化产业进入新时代。[①] 根据国家统计局的数据，2017 年文化及相关产业 10 个行业的营业收入均实现增长，文化艺术服务、文化休闲娱乐服务、文化用品生产和文化信息传输服务四个行业均达到 10% 以上的增长，其中文化信息传输服务行业的增长更是达

---

[*] 李支，法学博士，广东金融学院副教授。
[①] 周建新、胡鹏林：《中国文化产业研究 2017 年度学术报告》，《深圳大学学报》2018 年第 1 期。

到34.6%。① 文化产业立足于国民经济支柱性产业的目标定位，产业总值、发展路径都有了新增长和新突破，文化产业与国民经济、文化产业与社会建设、文化产业与文化事业以及文化产业内部产业结构与业态正进一步融合与调整。②

在文化产业发展政策推动下，我国文化产业迅猛发展。相应地，文化产业融资难成为文化产业发展的瓶颈，造成文化产业资金"供血不足"，制约着文化产业的进一步繁荣兴旺。虽然政府已出台一系列鼓励和促进文化产业投融资的政策，设立了文化产业发展专项资金，积极采取多种途径支持文化产业融资，但是文化产业资金供求矛盾仍未能从根本上得以解决。造成这一问题的原因是多方面的。从法律上看，主要是我国现行的投融资法律制度很大程度上是基于传统的工商业制定的。而文化产业提供的产品和服务不同于普通工商业，不能完全套用现有的投融资法律制度。例如，文化创意产品往往具有独创性和独特的欣赏价值，难以准确估值，在融资时得不到价值上的认可；文化服务企业注重的是创造者的价值，常常是轻资产企业，在融资时无法提供充足的抵押品；文化企业容易走精品化路线，缺乏规模效益和稳定的持续收益，难以上市融资，等等。

因此，要解决好文化产业投融资难，有必要从法律制度上思考如何创新？如何建立起与文化产业特点相适应的投融资法律体系？需要特别注意的是，法律上的创新不是完全抛弃现行的制度，而是要在我国目前运行稳健的金融法律体系的基础上，针对文化产业的特点做一些特殊的规定，亦即所谓的"特别法"。

---

① 国家统计局：《2017年文化及相关产业继续保持较快增长》，（2018-02-01）[2018-12-14]，http://www.ce.cn/culture/gd/201802/01/t20180201_28005318.shtml。

② 周建新、胡鹏林：《中国文化产业研究2017年度学术报告》，《深圳大学学报》2018年第1期。

二 我国文化产业融资法律体系现状分析

（一）基本政策

推动文化产业发展是我国重要的发展方向和战略目标。从全国人民代表大会2001年3月15日批准颁布的"十五"规划开始，我国就逐渐加重文化产业战略倾斜。"十五"规划要求"推动信息产业与有关文化产业结合"，并用第二十一章专章要求"繁荣社会主义文化"，对传统社会文化领域的方方面面都提出了要求，明确提出"增加对重要新闻媒体和公益文化事业的投入"。"十一五"规划将非公有制经济引入文化产业，致力于建立"党委领导、政府管理、行业自律、企事业单位依法运营的文化管理体制和富有活力的文化产品生产经营机制"。同时将文化建设推进到农村，要求"加强农村文化设施建设"并"扶持农村业余文化队伍"。此后颁布的《国务院关于非公有资本进入文化产业的若干决定》《国务院办公厅关于印发文化体制改革试点中支持文化产业发展和经营性文化事业单位转制为企业的两个规定的通知》等配套规定的出台为文化产业的加速发展奠定了制度基础。"十二五"期间，政府将文化产业发展集中在部分重点产业，如动漫产业、特色文化产业等，出台《文化部、财政部关于推动特色文化产业发展的指导意见》等系列针对重点产业的指导意见，通过重点产业的发展和资金的注入来激活文化产业市场的活力，繁荣文化产业市场。而根据"十三五"规划，推动文化产业成为国民经济支柱性产业成为今后五年经济社会发展的主要目标，到2020年要基本实现这个目标，配套提出"构建现代公共文化服务体系"和"加快发展现代文化产业"。在五年间，推动网络多媒体等新兴产业发展，促进传统产业转型升级，扶持中小微文化企业发展，也鼓励文化企业发展重组。

2009年9月26日，国务院办公厅发布了《文化产业振兴规划》，该文件成为近年来我国文化产业投资发展的总纲领。《文化产业振兴规划》从四个方面的政策入手推动文化产业投融资：一是降低资金准入门槛，落实文化产业引入非公有制资本、外资的相关规定，灵活规定资本的参与形式，利于盘活文化资本市场；二是加大政府投入，一方面通过贷款贴息、项目补贴、补充资本金等方式支持文化领域重点项目、创新项目和文化设施建设，另一方面增加"扶持文化产业发展专项资金"和文化体制改革专项资金规模，通过中央财政直接支持文化产业发展；三是税收优惠政策；四是鼓励银行业金融机构加大对文化企业的金融支持力度，支持鼓励文化企业通过上市、担保和再担保、并购重组、企业债券等方式筹集资金、做大做强。文化部制定《文化部文化产业投资指导目录》，将我国文化产业分为鼓励类、允许类、限制类和禁止类，具体界定每种文化产业的外延和内涵及相关配套政策。

近年来，随着文化产业的发展，学界制定《文化产业促进法》的呼声日渐增多，2016年11月7日颁布的《中华人民共和国电影产业促进法》，规定了电影产业相关的准入、投资、审查等内容，电影产业投资终于有了上位法依据，相信在不久的将来，偌大的文化产业投融资领域也必将纳于法律规制之下。

（二）文化产业税收优惠

税收优惠直接体现了政府对某一产业的鼓励和扶持，近年来，随着文化产业战略地位的提升，财政部牵头，相继出台了很多文化产业方面的税收优惠政策。总结起来减免优惠的税种主要是增值税和所得税，具体优惠则主要体现在以下几个层面。

1. 扶持重点行业

《财政部 国家税务总局关于进一步鼓励软件产业和集成电路产业

发展企业所得税政策的通知》（财税〔2012〕27号）规定，在软件产业和集成电路行业中，新办软件企业在规定的优惠期适用"两免三减半"优惠税收政策。国家规划布局内的重点软件企业，如当年未享受免税优惠，减按10%的税率征收企业所得税，符合条件的软件企业取得的即征即退增值税款，可在计算应纳税所得额时从收入总额中减除；《财政部 国家税务总局关于扶持动漫产业发展有关税收政策问题的通知》（财税〔2009〕65号）规定，经认定的动漫企业自主开发、生产动漫产品，可申请享受国家现行鼓励软件产业发展的所得税优惠政策；《财政部 国家税务总局关于全面推开营业税改征增值税试点的通知》（财税〔2016〕36号）规定，对个人转让著作权收入的，免征增值税；对重点产业，不只是免征、减征企业所得税，对符合条件的企业还实行即征即退等优惠措施，如规定企业职工培训费用，可按实际发生额在计算应纳税所得额时扣除。

2. 推动文化产业事业单位转制和文化产业"下乡"

国家大力推动文化产业事业单位和由财政部门拨款的文化产业转制为企业，《财政部 国家税务总局 中宣部关于继续实施文化体制改革中经营性文化事业单位转制为企业若干税收政策的通知》（财税〔2014〕84号）规定，经营性文化事业单位转制为企业，自转制注册之日起免征企业所得税；党报、党刊带头将其发行、印刷业务及相应的经营性资产剥离组建文化企业的，这类企业自注册之日起所取得的党报、党刊发行收入和印刷收入免征增值税；同时还规定，转制企业的自用房产免征房产税。对转制企业中资产评估增值、资产转让或划转涉及的印花税、契税等也可享受相应的税收优惠政策。支持文化下乡方面，《国务院办公厅关于印发文化体制改革中经营性文化事业单位转制为企业和进一步支持文化企业发展两个规定的通知》（国办发〔2014〕15号）明文规定，对在农村的电影放映收入免征增值税，而对城市电影放映收入,则可选择按照简易计税办法计算缴纳增值税[①]。

3. 促进文化产业进出口

《国务院关于加快发展对外文化贸易的意见》(国发〔2014〕13号)规定,对国家重点鼓励的文化服务和产品出口免征增值税。在这一意见指导下,国家重点鼓励的文化产业税收优惠有很大部分依靠出口免税和进出口退税实现。《关于扶持动漫产业发展有关税收政策问题的通知》规定,经认定的动漫企业自主开发、生产动漫直接产品,确需进口的商品可享受免征进口关税和进口环节增值税的优惠政策;《财政部 国家税务总局关于软件产品增值税政策的通知》(财税〔2011〕100号)则规定,对软件企业征收增值税时,对其增值税实际税负超过3%的部分实行即征即退政策;将进口软件产品进行本地化改造后对外销售,可享受增值税即征即退政策。在境外提供文化会展、广播影视等播映服务也可免征增值税。

(三) 文化产业发展专项资助基金

我国文化产业发展专项资金于2008年设立,是用于扶持我国文化产业的发展,推动产业经济结构化转型的专项资金[②],是由党中央、国务院把控方向,财政部办公厅领导,文化部办公厅协助执行,下级各省市根据中央指导具体实施制定符合各地实际情况的专项资金[③],向文化企业提供包括项目补助、贷款贴息、保费补贴、绩效奖励等形式的资助,是政府对文化产业最直接的支持形式。财政部和文化部不仅在项目申报时严格把关,还对项目的实施情况进行过程监督。

---

① 陈笑玮、马维春:《我国现行文化产业税收优惠政策浅析》,《税务研究》2018年第3期。
② 《关于申报2018年度文化产业发展专项资金的通知》,http://whs.mof.gov.cn/pdlb/zcfb/201711/t20171129_2761908.html。
③ 刘锦宏、赵雨婷:《我国文化产业发展专项资金绩效提升对策研究》,《出版发行研究》2018年第1期。

申请文化产业发展专项资金的过程分为三步：第一步是拟申请企业向牵头主管部门申报，由主管该领域的政府机关作为牵头主管部门对项目进行征集和审查。申报企业需要报送企业名称、项目名称、所属重大项目类别、申请金额、项目简介等基本资料和各牵头主管部门要求的资料，按基金企业和文创集团分类进行申报，不同类企业需要报送的资料有所不同；第二步是由负责牵头的宣传文化体育部门确定拟支持项目名单，该项目名单经过牵头主管部门的初步审核；第三步则是主管部门将名单向上级汇报。分为两类：一类是财务关系非财政部单列企业，其中承担单位为中央企业（单位）的，由其主管部门以部函形式向财政部申报，承担单位为地方企业（单位）的，由其所在地省级财政厅（局）汇总后向财政部申报。另一类是财务关系在财政部单列的企业，经主管单位审核同意后，以企函形式直接向财政部申报。一般为中央文化企业，如中国出版集团公司、中国广播电视网络有限公司等。

（四）其他优惠政策

除税收优惠政策和专项资金支持以外，在文化产业投融资优惠政策上，政府还加强建设文化产业创意园区，同商业银行如工商银行签订战略合作协议，以政府名义促进银行向文化产业融资，还在涉及中国传统文化和少数民族文化的项目上给予特殊优惠，如《藏羌彝文化产业走廊总体规划》。各地政府也给予文化产业投融资一定的优惠。其一，很多地区都颁布了适合本地文化产业发展的总体规划，如广东省政府印发了《广东省文化产业振兴规划（2011～2015年）》，内蒙古自治区人民政府颁布《关于进一步促进文化产业发展的若干政策意见》，绍兴市"十三五"规划编制工作领导小组办公室印发了《绍兴市"十三五"文化产业发展规划》。其二，是对本地区重点产业项目进行政策扶持，如新疆生产建设兵团办公厅印发了《兵团文化产业发展规划（2014-2020）》、重庆市文化委员会颁布了《重庆市特色文化产业项目认定管理办法（试行）》等，利用地方财政，对各地的特色文化进行扶持和保护。

三 我国文化产业融资法律体系的缺陷分析

1. 缺乏上位法依据

文化产业本身是一个高投入低产出的高风险行业，以电影制作为例，我国一部小成本电影制作费就高达数千万元，大制作更是动辄上亿元，《我不是药神》1亿多元的成本仅称得上中等制作。2020年开年仅春节档就有《捉妖记2》《女儿国》《红海行动》三部电影制作成本超过5亿元，一部电影往往是由数家投资商联合投资。我国的文化企业大部分是中小企业，文化产业投资额巨大的特点使得中小企业无法通过自身资金积累完成文化项目，而政府的专项资金扶持根本无法满足大量中小文化企业发展的需求，融资问题依然是文化产业的首要问题。

文化产业是一个风险极高的投资类别，虽然政府一直在推进文化产业发展，但不仅是文化产业的投融资项目缺乏上位法依据，鼓励文化产业的措施也最高仅停留在行政法规层面，缺乏法律上的支持。缺乏法律的支持意味着相关企业在享受政府优惠政策时存在不公平，往往国有企业和大型文化企业才能享受到政府的资金支持和财政补贴，而中小微企业在政府项目审查时就不具备竞争优势，缺乏法律支持又使得它们难以得到司法救济，社会资本在进入中小微文化企业时也会考虑这种不稳定性，这无疑是导致文化产业融资困难的根本原因。

2. 税收政策激励不足

目前的税收优惠政策主要集中于企业所得税和产品进出口，而对缺乏投资的文化产业企业少有保护,也没有涉及文化企业的融资行为。从我国目前的文化企业税收优惠政策来看,第一,现有的税收优惠政策优惠幅度和范围都较小,文化产业的激励主要依托于一些特定行业的延伸,如软件等高新技术产业和被认定的项目,如动漫产业、影视产业被认定的重点项目,而认定标准是比较高的,实质上大范围内的文化企业都没有进入税收优惠的范围内。第二,对性质不同的企业实行不同的税收优惠政策,使得企业间的实际税负水平存在较大差异,同样是制作动漫的文化企业,传统的形象设计和内容设计的企业几乎不能得到税收方面的优惠,而负责技术制作的公司则能申请高新技术产业的优惠,从而得到较高的税收优惠。同时我国的税收优惠主要集中于动漫产业和软件产业,对传统工艺、旅游业、出版业、演出会展业等方面几乎没有优惠,而这些行业占据文化产业的大部分,资金缺口最大的也是这些行业。第三,个人所得税优惠覆盖范围较小,现行税收优惠政策主要范围是企业所得税,对个人,除了《中华人民共和国个人所得税法》对著作人规定了稿酬所得按应纳税额减征30%以外,对书画、影视、翻译以及技术人员等没有任何所得税减免的优惠,这对文化产业的人才培育显然是不利的。

3. 无形资产抵押缺乏配套规定

以往文化产业融资困难的重要原因在于其缺乏固定资产。文化企业的主要资产构成是知识产权和版权,固定资产比例相对偏低,而银行等传统金融机构需要固定资产作为融资抵押物才能发放贷款。虽然法律已经承认知识版权的资产性质,但还缺乏相应的价值评价机制。企业的无形资产处于不能得见的状态,没有实物可以展示,其价值依靠估算和评价[①],这使得其本身存在不确定性,这种不确定性也使得

---

① 王楚:《中小企业无形资产影响企业价值的问题研究》,《纳税》2018年第33期。

银行等金融机构不愿使用无形资产来作为抵押物，使得文化企业不能从金融机构获得贷款，缺乏资金来进行文化项目运营，从而形成恶性循环，严重影响文化产业的发展。

另外，我国文化产业发展迅速，但发展时间较短，文化企业具备多样性，其具有的无形资产也具有多样性，金融机构面对多样化的无形资产，还缺乏规范的评估准则，也没有权威的第三方鉴价机构可以对价值波动巨大的无形资产做出权威评估，这也提高了文化产业的融资难度。同时，在我国当前知识产权保护和版权制度还不完备的环境中，以信息技术为载体的文化产品，其复制成本与创作成本相比几近于无，这也是文化产业投资具有高风险性的另一原因。

四 完善我国文化产业投融资法律体系

1. 加快推动《文化产业促进法》立法

已经颁布的《中华人民共和国电影产业促进法》在第四章关于电影产业的支持保障中第三十七条对国家统筹安排财政资金、引导相关文化产业专项资金和基金支持电影产业发展做出了原则性规定，并规定加强审计[①]。在国家立法的层面上明确提出了解决电影产业融资困难的路径，即通过政府资金、基金等方式，引导整合政府资金和社会资本，以促进电影产业的发展。该条不仅规定了资金筹集的方式，也提供了整合多方资源的综合解决方案。但该条款仅限于电影产业，其他文化产业则缺乏明确的上位法依据，其资金的来源和融资方案还缺乏规制。司法部已就《文化产业促进法（草案送审稿）》公开征求意

---

① 程麒台：《解读〈电影产业促进法〉对电影产业融资的支持》，《中国电影市场》2017年第9期。

见，这意味着我国文化产业促进立法工作已取得实质性进展。该《草案》中专门设置了"金融财税扶持"一章，从金融服务体系建设、直接间接融资、保险服务、消费金融、用汇保障、财政扶持、文化资本投资和税收扶持等方面做出了规定。相信《文化产业促进法》立法进程的推进，有助于早日将文化产业融资纳入国家法律体系，利用法律解决文化产业融资困难问题，促进文化产业进一步发展。

2. 畅通无形资产抵押路径

促进文化企业自身融资的规模是解决文化产业资金缺口的根本方法。建立完善无形资产质押路径，建立适应无形资产特点的价值评估方案，将优质无形资产纳入银行可质押项目中，建立配套的服务方案。在解决无形资产估值问题的基础上，还可通过立法或政策鼓励商业银行等金融机构进行业务创新，探索设计针对文化产业的金融产品和金融服务。在控制风险的前提下，对无形资产开展融资租赁、知识产权证券化等服务，还可以无形资产和固定资产配套的方式搭建一篮子融资方案，以解决文化产业的资金问题。

3. 完善税收优惠政策和专项资金政策

税收方面，《文化产业促进法》的立法应适当收回赋予行政机关的分散的立法权力，借该法推出之时机，梳理文化产业融资的促进政策和发展状况，建立文化产业税收扶持政策的原则，确定给予优惠的税收种类，根据我国的发展状况，在文化产业方面建立适合国情的、科学完备的、具有针对性的税收优惠政策，加强现行税收优惠政策的稳定性。

专项资金政策方面，应整合我国现有的由财政部出资的文化产业专项资金，将现有国家电影事业发展专项资金、电影精品专项资金等专门的产业资金整合到文化产业发展专项资金中，完善现行《文化产业发展专项资金管理暂行办法》（2012年修订），减少单个项目多处申请所造成的人力资源浪费，也可避免某一项目重复申请的审查成本。同时规范文化产业发展专项资金公示制度，严格受资助项目的信息披露制度，完善专项资金的绩效评价制度，建立更透明权威的资助体系。

艺术品融资担保的风险识别与防控

李 冬 陈梓彤[*]

摘 要：面对传统融资担保的局限性，艺术品价值属性的内部张力和产业交互融合的外部拉力，使得艺术品融资担保的动因更加凸显。就艺术品的权利属性而言，艺术品的融资担保可类型化为以所有权为中心的融资担保模式和以著作权为中心的融资担保模式。基于对艺术品融资担保的固有风险、价值鉴定评估风险、市场交易风险等的识别分析，文章从规范层面和操作层面提供风险防控的措施。在规范层面上，提出完善法律法规体系、政策服务体系及鉴定评估体系；在操作层面上，提出完善艺术品融资担保的登记制度、保管机制、保险机制及变现机制。

关键词：艺术品；融资担保；抵押；质押

一 问题的提出

艺术品可表明某个重点的或突出的特性，也就是某个关键的观念，比实际事物表现得更清晰、更完整。要形成艺术品且达到上述目

---

[*] 李冬，中央财经大学在读博士研究生，广东金融学院专任教师；陈梓彤，广东金融学院本科生。

标，必须由许多相互联结的部分组成一个综合体。从艺术学的角度来看，艺术品可以分为实用艺术品、造型艺术品、表情艺术品及综合艺术品。美国是西方艺术品融资担保的领跑者，美国融资机构对艺术品融资担保业务有一套较为完整的评定体系：一是贷款人的名声和商业信誉；二是贷款者的整体财务状况；三是抵押艺术品的公平市场价格；四是艺术品存放条件；五是受认可的评估师或拍卖行的评估报告。通过上述事项评估后才允许发放贷款，而贷款额为评估价格的50%。同时为了减少纠纷发生，降低欺诈风险，要求贷款人提供保险单和美国统一商法融资申明书，这也说明此艺术品交易过程是受美国统一商法保护的。[1] 相较于美国，国内的艺术品融资担保仍以拍卖、典当为主，融资担保业务尚处于起步阶段。[2] 2010年3月出台的中央宣传部、中国人民银行、财政部等《关于金融支持文化产业振兴和发展繁荣的指导意见》（银发〔2010〕94号）倡导各金融部门加大金融业支持文化产业的力度，大力推进文化产业与金融业的对接，创新和开发适合文化企业自身特点、多元化、多层次的信贷产品。2012年12月21日，由国家发改委国际合作中心文化产业研究所、中国收藏家俱乐部推进的"文化艺术品评估——质押融资合作试点签约仪式"拟建设一套符合中国国情的第三方"文化艺术品评估体系"，[3] 以作为融资贷款的基本依据。

围绕着艺术品的融资担保问题，学者们展开了相关内容的讨论，讨论的内容主要集中在艺术品的质押融资模式上。就艺术品的质押融

---

[1] 郝若楠：《海外艺术品抵押贷款现状——艺术市场流通催化剂》，《艺术市场》2013年第1期。
[2] 柳中波、杨金柱：《艺术品与银行信贷的有效对接：潍坊银行案例》，《金融发展研究》2011年第10期。
[3] 吴桢：《艺术品评估，适情而行"文化艺术品评估——质押融资合作试点签约仪式"纪实》，《收藏》2012年第01X期。

资而言，有学者从质押融资的功效上分析，认为其既能满足艺术品市场的资金需求，又能转嫁部分银行风险，对收藏市场发展将起到显著的促进作用。① 也有学者从质押融资的政策角度进行探讨，认为我国当前的艺术品质押融资，必须重构市场化的政策运作体系，在相关政策体系的建立中首先做好"顶层设计"。② 还有学者从书画艺术品的角度，从内部控制和外部环境控制上对我国书画艺术品质押面临的瓶颈提出相应的对策与方向，例如完善书画艺术品的准入机制、明确鉴定评估方法、完善政策制度和市场服务体系等。③ 由此可见，既有研究对艺术品的质押融资担保进行了详细的探讨，为艺术品质押融资的实践活动提供了有益指导。同时，现有理论研究在某些领域有所欠缺：艺术品的融资动因为何，艺术品中蕴含着民法中的哪些权利谱系，艺术品的融资担保模式有哪些，艺术品融资担保的风险如何识别与规制，等等。

本文拟从艺术品中存在的民事权利着手，通过类型化的方式划定艺术品融资担保的模式范畴，并尝试在整个艺术品融资担保的大框架下分析其存在的问题，以及提出相应的对策建议。

二 艺术品融资担保的动因

（一）艺术品的价值属性

1. 本体价值

艺术品主要有两大类，一是无形物，多以歌曲、舞蹈等表演类艺

---

① 张颖：《浅析质押融资模式在艺术品市场中的应用》，《现代经济信息》2015年第5期。
② 周小华：《我国艺术品质押融资发展的政策分析》，《甘肃理论学刊》2014年第2期。
③ 祝捷：《中国书画艺术品质押融资风险控制研究》，西安美术学院博士学位论文，2019。

术形式呈现；二是有体物，如绘画、雕塑等物化形态。艺术品本体价值包含审美性、独特性和历史文化性。首先，作为物化的艺术表现形式，艺术品通过直观可视的艺术形象，体现出美学中的状态以及意境。而鉴赏美学没有绝对客观统一的标准，因为人的主观意志和市场文化导向会潜移默化地影响每件艺术品展示出的美学价值。其次，作者将自己的思想、感悟、情感等通过各种形式融入艺术品的创作中，赋予艺术品以自己独特的个性，使观赏者能够感受到作者个人的精神世界。最后，艺术品不仅作为艺术家个人和社会进行情感沟通的桥梁，也是其当属年代的历史载体，体现了当时的社会生活和现实，为日后的历史文化研究提供了实物依据。

2. 衍生价值

艺术品附加价值还有教育性、流通性、转化性等特征。好的艺术品能跨越不同文化地域、语言间的隔阂，成为沟通交流的鲜活素材，让观赏者在欣赏艺术品的同时，不仅享受到观赏的愉悦，还能潜移默化地净化内心，了解到不同文化的内涵和发展脉络，产生对美学的认同感，由此亦会主动购买艺术品。艺术品的美学价值可以投射到以货币为表现形式的经济价值上，艺术品经济价值的实现蕴含在艺术品的美学价值中，而在艺术品通过依附载体成为有形物在市场领域流通的过程中，其价值转化成的价格也是不断变换的，这受到艺术品交易市场行情、社会经济水平、审美水平、作者知名度等影响。

从美学角度来看，艺术品高度富有美学价值，使观赏者获得精神收益和审美水平的提高；从经济学角度来看，艺术品存有增值特性，相比于固定资产的投资，没有地域性和消耗性的局限。因此艺术品具有资本属性，是参与融资担保的基础。

(二) 传统融资担保的局限性

传统融资担保业务主要针对标准化的有形产品，而艺术品作为一种具有风险高、价值不稳定、评估难等特点的特殊资产，很难满足传统融资担保方式的要求。因此，传统艺术品的融资担保多为地下和民间方式，如艺术品典当和艺术品信托等。质言之，金融机构对艺术品的市场需求响应较差，究其原因：一是艺术品具有独特性、非标准化的特点，银行等金融机构或其余放贷人对艺术品类资产的价值评估机制不完善，其开展艺术品融资担保业务难以流程化和规模化，不能作为其主要业务而达到盈利目的。同时，放贷人对此类艺术品的真伪认定结果缺乏信任，难以放心发放贷款。二是艺术品种类繁多，需要金融机构等放贷人具备专门的保管能力，不同于普通的商业银行，其保管资质和保管能力较为欠缺。三是由于艺术品市场的波动性，收益呈现不稳定势态，金融机构对未来债务人不能履行义务时如何变现抵押的艺术品存在诸多疑虑，因而较少选择提供艺术品融资担保业务。

（三）行业发展的必然选择

继党的十七届六中全会决定后，国家"十三五"规划提出要加快发展文化产业，推动文化产业成为国民经济支柱性产业。这就需要资本资源和金融资源介入艺术品市场，形成艺术品金融化新业态。艺术品融资担保属于艺术品金融范畴，是促进我国新兴文化产业的金融工具，也是艺术品市场金融化的新尝试。艺术品融资担保业务使艺术品持有行为拥有了交换价值。对持有者而言，持有者可以通过该服务及时获得资金或者预支艺术品的潜在价值来获取其他领域的经济效益，减少因情况紧急出现低价出售和闲置情况。对文化产业市场而言，文化产业的发展带动了艺术品的投资与消费，为拓宽艺术品市场提供了环境依据。传统的艺术品市场流通率低且保守，艺术品融资担保业务尚处在起步阶段，融资渠道较少，不能满足市场注重投资效益的需求，需要进一步探索适合艺术品市场的融资担保业务。对金融行业而言，当前我国文化产业发展步伐明显加快，占金融行业比重稳步上升，是国民经济的有机组成部分。由于融资担保既不需要变更所有权人，还能获得资金周转，而金融机构具有资金雄厚、变现渠道广及风险防控能力强等特性，开展艺术品融资担保业务优势更为显著。

目前，文化产业与金融行业的交汇融合逐渐成为热点。我国已经批准多家商业银行发展文化产业融资的业务，政府部门也积极制定文化产业进入金融领域的优惠政策，引导金融资源向文化产业流动，[①]降低艺术品交易与投资的准入门槛。

因此，面对艺术品行业的金融化，金融机构应积极开拓艺术品融资担保业务存在的大量现实和潜在的服务需求。

三　艺术品融资担保的主要法律模式分析

根据我国《艺术品经营管理办法》（文化部令第56号）第二条的规定，艺术品是指绘画作品、书法篆刻作品、雕塑雕刻作品、艺术摄影作品、装置艺术作品、工艺美术作品等及上述作品的有效复制品。因此，从法学权利的角度来看，艺术品中主要蕴含了两种权利型态。第一种是所有者对艺术品享有所有权，即对艺术品享有占有、使用、收益和处分的权利；第二种是作者对艺术品享有著作权（版权），包括著作人身权和著作财产权。艺术品的这些权利属性，奠定了其融资担保的基础。

（一）以所有权为中心的融资担保模式

所有权是物权的重要类型，艺术品若想成为所有权的标的物，首先必须成为民法上的物。通说认为，民法中的物是指存在于人体之外，能够为人力所控制并能够独立满足人类社会生活需要的物。据此，构

[①] 孙龙建、严雯：《我国根雕产业融资模式创新研究》，《会计之友》2015年第21期。

成民法中的物应当具备以下条件：（1）存在于人身之外；（2）能够为人力所控制；（3）具有独立的利用价值；（4）具有独立性。艺术品存在于人体之外，不属于人体的组成部分。艺术品总会在一定的物质载体上得以呈现，例如油画会在画布上得以体现，人类控制了画布就等于控制了艺术品本身。艺术品能给人带来经济利益和精神利益，例如名人的书画作品不仅价值非凡，而且能给爱好者带来精神上的愉悦和满足。因此，艺术品满足民法上物的条件，成为民法中的动产。按照民法上的物的融资担保模式，艺术品的所有权融资担保模式主要表现为以下两种。

第一，艺术品的抵押融资模式。《民法典》第 403 条规定了动产可以设立抵押权，艺术品作为动产，其所有权人可以将艺术品作为抵押物在银行等金融机构设立抵押权，从而获得相应的融资。该抵押权自双方的艺术品抵押合同生效时设立，需经登记，否则无法对抗善意第三人。值得一提的是，实践中以艺术品抵押融资模式为基础衍生出了艺术品抵押资产的证券化模式，即艺术品的所有者在艺术品上设置抵押权，然后将抵押艺术品的抵押权通过相应的机构和机制转化为证券化的资产。艺术品抵押资产的证券化本质上是民法上的按份共有，即将一件艺术品以资产证券化的方式分成若干份，由投资者持有一份或者多份，投资者可以按其持有的份额对这件艺术品享有所有权。①

第二，艺术品的质押融资模式。根据《民法典》第 425 条的规定，艺术品的所有者将其动产出质给债权人占有，以为债权人的融资提供担保。设立质权，当事人应当采取书面形式订立质押合同，质权自出质人交付质押财产时设立。除了普通的质押融资模式外，典当属

---

① 潘修平、崔盛楠、孙小涵：《艺术品证券化的法律困境与对策》，《北京邮电大学学报》（社会科学版）2017 年第 2 期。

于广义的质押。艺术品典当就是要艺术品的所有者将艺术品作质押物质押给典当行,向典当行借贷融资的一种方式。由上观之,艺术品的所有者可以采用动产抵押和动产质押这两种基础模式,进行资金的融通担保。相比之下,艺术品的质押担保模式在实践中较为常见。究其原因,质押担保需要移转艺术品的占有,这对于贷款人较为有利,实践中借款人往往迫于贷款人的强势地位而只能以质押的模式进行融资。

(二)以著作权为中心的融资担保模式

著作权,又称为"版权",指作者或其他人(包括法人)依法对某一著作物享受的权利。我国的《著作权法》第二条规定,中国公民、法人或者其他组织的作品,不论是否发表,依照本法享有著作权。其第三条又明确规定作品包括文学、艺术和自然科学、社会科学、工程技术等作品,其中列举了音乐、戏剧、曲艺、舞蹈、杂技艺术作品、美术、建筑作品等。由此可见,作者对其所创作的艺术品如美术作品,享有著作权,包括复制权、出租权、发行权及放映权等著作财产权和发表权、署名权、修改权及保护作品完整权等。

第一,著作权的权利质权融资模式。权利质押是指以债务人或第三人享有的实体财产权以外的可让与的财产权利作为质押标的,在债务人届期未履行债务时,债权人可依法就该项权利中的财产利益进行拍卖、变卖或通过其他方式加以处置,并以处置所得优先受偿以担保债权的实现。[①] 著作权属于民事权利的一种,依据《民法典》第440条的规定,著作权中的财产权可以作为出质。作者可以将其艺术作品中的著作财产权如出租权、发行权及放映权等进行出质,为其债权融资提供担保。该质权自办理出质登记时设立,出质后,出质人不得转让或者许可他人使用,但是经出质人与质权人协商同意的

---

① 西沐:《中国艺术品质押融资的现状与模式》,《中国美术》2014年第1期。

除外。

第二,著作权的融资租赁模式。融资租赁具有多种形式,主要可以分为直接融资租赁、回租赁、委托租赁等。目前,著作权融资租赁模式中的售后回租模式较为热门,所谓回租赁又称售后回租,是指出租人将从承租人作为供货人处取得的租赁物出租给承租人的融资租赁形式。艺术品著作权售后回租是指卖方(承租人)将自有的美术作品、剧本等版权类资产出售给买方并租回使用。通过这种方式,买方既可以获得企业发展所需要的资金,又可以对著作权资产继续占有、使用。例如,北京市大业传媒集团以其持有的"洛宝贝"艺术作品,通过售后回租的模式,成功获得文化租赁公司的2亿元融资。[①]

四 艺术品融资担保的风险识别

(一)艺术品固有的风险

第一,传统担保物标准化高、交易频繁,融资担保时能用常规的方法构建和预测价格和风险,而艺术品流动性大、交易性低,交易数据有限,难以预测价格和风险。如果根据艺术家身份、创作时代、创作风格等方面界定艺术品质量,那么艺术品的市场价格也随之改变。第二,艺术品作为另类资产,与其他资产种类(股票、基金、债券等)的联动性低,难以起到组合投资分担风险的效果,导致投资行为单一化。第三,艺术品专业性高,对鉴赏者有知识储备、专业能力等基本知识的要求。当今艺术品市场主要是以收藏型的交易主体为主,作为买方,其更注重艺术品本身的艺术价值而非经济

[①] 李冬:《版权融资性售后回租法律问题研究》,《河南工业大学学报》(社会科学版)2019年第1期。

价值，购买量低；作为卖方，艺术藏品售出时要求高，市场流通性低。第四，艺术品以商品的属性在市场上交易流通，其价值与价格间存在严重的倒挂现象，导致艺术品生产创作的功利化，加剧由满足资本诉求到追求高附加值的利益博弈。第五，因为艺术品是一种特殊资源，其支撑服务的链条比较长，但目前缺失相应的政策、法规等综合性、系统性等服务体系来保障。

（二）鉴定评估的风险

目前，价值鉴定评估风险是我国艺术品融资担保发展的主要障碍。艺术品融资担保属于金融机构的非传统业务，因此金融机构实际办理业务的内部员工通常不具备专业的艺术品价值鉴定评估知识，难以判断其真伪与价格，因此一般会聘请第三方机构或专家代为鉴定。虽然鉴定人、评估人、专家的头衔并不由法律规定，[①] 但是艺术品真伪和估值仍然没有一个明确的界定标准，主观性较强，尚未有得到认证的权威性机构和专家。因此，过程中渐渐显现出鉴定混乱、以假乱真等问题。同时，鉴定艺术品大部分根据的是历朝历代的史料，依据不同的鉴定方式和材料得出不同的估值结果，高度影响到后期变现环节，使金融机构营利性趋于不稳定状态。再者，艺术品的价值鉴定评估具有较高的自由度，其一，艺术品鉴定评估标准难以统一；其二，艺术品在交易中出现此一时彼一时的差异价格，呈现动态化变动，而金融机构对艺术品的鉴定评估具有一定的时效性，因此需要评估价值鉴定评估风险；其三，艺术品的价格和价值不等同，受审美价值、整体经济状况、对未来艺术品市场预期等因素影响，难以实现艺术品融资担保的常态化。

---

① Peter H. Karlen, Fakes, Forgery, and Expert Opinions, in International Sales of Works of Art, ICC Publication No. 436, Vol. Ⅰ, p.219.

（三）市场交易的风险

1. 环境风险

基于管理学角度，艺术品融资担保的发展受到环境的多重影响，包括国家制度及政策、经济发展、社会认知状况和科学及技术水平发展等。首先，目前现有的有关艺术品市场的法律法规和政策，例如知识产权法、拍卖法、艺术品经营管理办法等，已经不能适应当代艺术品融资担保发展的要求，艺术品融资担保发展速度和国家政策的滞后之间的矛盾尚未解决，单纯依靠市场调节并不能解决完善国家制度及政策的问题。其次，金融市场本身存在流动性风险。艺术品属于高档消耗品，其价格受到市场变动影响较大，一旦遇上经济危机等宏观经济下滑，市场交易流动性减弱，艺术品市场也随之崩盘。最后，社会大众的审美趣味对艺术品市场交易起着重要作用。一方水土养一方人，地域关乎人的审美认知，选择审美不合的交易市场不利于艺术品快速变现。随着科技的进步，互联网为艺术品融资担保提供了线上平台，拓宽了融资途径，但线上数据易于造假，容易影响双方判断，因此其准确度和可信度往往低于线下交易。与此同时，造假手段也与日俱增，导致骗贷骗保交易数量急剧上升。

2. 信用风险

艺术品买卖最大的交易风险是信任问题。在艺术品融资担保交易时，信用风险出现的主要原因在于交易对方信息不对称。换而言之，由于认识能力不同，双方对市场交易动向了解程度和途径不同，或是对艺术品所呈现对外开放的信息认知等不一致。因此，在实际的交易过程中也存在故意隐瞒信息的现象，即有可能出现提供虚假信息、混淆视听等欺诈行为，因此一般情况下，往往交易双方在信息掌握上会处于不对称地位。当这种状况发展到一定程度，贷款人就承担着过高的信用风险，导致其经营亏损，严重者甚至会退出市场。

由于存在借助互联网平台进行艺术品融资担保的新方式，故而作为第三方的平台也有相应的信用风险。一是平台可信度和控险能力风险。贷款人和放贷人之间互不相识，通过平台确立了合同关系，其可信度决定双方是否在此平台上订立合同关系，其风险防控能力则影响双方合同关系的稳定性和完整性。二是平台审查风险。平台需要对双方的资质进行实质性筛选审核，例如贷款人的征信状况、涉诉情况或放贷人的工商登记信息等，确保双方是真实可信的交易主体。三是资金信用监控风险。我国的互联网艺术品融资担保业是新兴产业，法律法规尚不成熟，第三方艺术品融资担保网络平台的运作尚有许多灰色地带未进行有效规制，存在第三方平台私自挪用用户资金或第三方平台为金融机构开立支付账户以达到收益目的等资金链非完整透明公示的风险。

3. 操作风险

由于人为失误、技术不当以及不利的外部事件所导致损失被称为操作风险。根据《巴塞尔新资本协议》，操作风险可分为人员、系统、流程和外部事件四类，主要表现为内部欺诈，外部欺诈，员工聘用和工作场所安全，客户、产品及业务管理，实物资产损坏，业务中断和系统事故。[①] 在艺术品融资担保过程中主要存在欺诈、艺术品损坏两种情况：欺诈包括放贷人内部员工欺诈和艺术品鉴定评估机构的第三方欺诈，例如业界闻名的"金缕玉衣"事件[②]。在艺术品的保管过程中，由于艺术品形态、材料各异，需要专业的保管能力，例如以纸张、绢帛为载体的艺术品在存储以及运输中，由于操作不当而导致

---

① 刘尧：《资产证券化的意义及风险分析》，《科技资讯》2011年第3期。
② 2002年，华尔森实业集团法定代表人谢根荣在自己的房地产项目出现资金问题时将自己搜集的玉片穿在一起伪造成"金缕玉衣"，并邀请相关专家鉴定，鉴定结果称其估值24亿元，谢根荣以此骗取银行10亿元贷款，造成银行近6亿元的损失。

艺术品毁损的情况时有发生，艺术品也由此贬值。例如，2013年，一船为《当代艺术：中国进行时！》专场拍卖的艺术品在运输途中遭遇大火，总价值达数亿元的重量级作品被烧毁，而残缺的作品价格也大打折扣。

4. 登记风险

由于动产种类繁多、位置多变等原因，我国物权法未对动产担保登记机关做出明确规定。这造成了在物权法施行后，我国动产担保登记机关无法统一、各自为政的局面。分别登记制度便于行政管理，避免登记机关之间相互推脱责任，但也会引发登记规则及标准的混乱和日后查询的困难，反而在某种程度上增加了登记系统的运营成本，降低担保登记公示力的权威性。艺术品作为另类资产，属于我国依法可以抵押的其他财产，登记部门为抵押人所在地的公证机构，适用《公证机构办理抵押登记办法》。但在实践中，存在有的公证处因未处理过相关登记而拒绝受理的情况，这也成为担保艺术品变现困难的现实原因。

五　艺术品融资担保的风险防控

（一）完善法律法规及政策服务体系

完备的法律法规及政策服务体系是艺术品融资担保实现的基础，针对现阶段已有的文化产业相关法律法规及政策，应适当增加具体的条例确定艺术品融资担保的范围、流程、各方主体的权利义务和法律责任等规定。首先，文化部、银监会、保监会、各金融机构等有关部门应相互配合，制定艺术品融资担保的实施细则，以加强立法的衔接度和可操作性。同时，构建完善相关的文化产业金融政策，例如增加各类额度的贷款业务，出台对艺术品融资担保项目的税收优惠政策等，为艺术品融资担保的发展提供可持续的资金链渠道。而作为贷款提供者则需要依托现实，探索艺术品和金融之间的商机，大胆进行业务创新。① 其次，要加速艺术品融资担保的发展，需要完善复合型人才的教育与培养体系，融合艺术学、经济学、管理学等专业理论基础知识和艺术品专项教学等进行学科体系学习，如可在艺术院校开设艺术品金融专业，开展艺术金融人才的培养方案，以满足日益增长的艺术品市场对于复合型人才的需求。另外，建立健全全国艺术品征信体系和惩戒体系，从法律上确定监管主体、数据收集的合法性、行业标准和操作规范，对贷款人、放贷人资格和信息进行严格的实质性审查，重视调查融资目的，实现融资担保的个人或机构信誉的全网联动，对艺术品融资担保全过程进行有效科学的监管。最后，需要加大互联网艺术品融资担保金融行业的监管力度，坚决落实规定网贷平台的中介性以及需要银行存管的一系列法律法规，使第三方平台信息更加透明公开，资金流向更清晰可追踪。

（二）完善艺术品的鉴定评估体系

首先，文化部等相关部门应制定艺术品融资担保发展规划，研究建立艺术品鉴定及价值评估标准和程序，作为鉴定评估的统一依据，结合专家目鉴、仪器鉴定、回溯史料等方法，并通过建立艺术品比对数据库，减少主观臆断的可能，保证鉴定结果的精准性。严格规范艺术品鉴定评估机构和从业人员的准入制度，对机构进行合法的资质审核和对从业人员进行资格考核，及时追究违背国家规定的自然人或机构的法律责任。② 其次，建立公认的艺术品鉴定评估机构或专家团队

---

① 周小华：《我国艺术品质押融资发展的政策分析》，《甘肃理论学刊》2014 年第 2 期。
② 史跃峰、赵黎明：《金融资本与艺术品市场的融合——潍坊银行艺术品质押融资业务剖析》，《中国金融》2011 年第 22 期。

配合艺术品融资担保工作的进行。可以考虑借鉴美国艺术商联合会、美国评估人联合会等美国评估机构。① 同时建立问责处罚制，利用行政手段加强对专业鉴定评估机构和专家团队的管理，无论是机构还是人员均需要到国家相关部门进行登记备案，反之不允许其开展经营性鉴定评估活动。最后，建立健全统一权威的艺术品拍卖成交价格数据库，保障评估数据标准化，为社会提供了解艺术品市场行情的渠道，例如目前主要的拍卖品价格展示平台雅昌艺术网，其通过平台内科学统计和概率计算方式推出的"雅昌艺术指数"向公众公示艺术品拍卖市场行情。由此，金融机构需根据自身业务需求，开发适合自身的鉴定评估体系，为艺术品融资担保提供新的鉴定思路。

（三）完善艺术品融资担保的登记制度

主要由政府主管部门负责建立健全统一艺术品融资担保登记机关和艺术品融资担保抵押登记制度。笔者认为，登记内容应包括以下内容：一是双方当事人，包括担保人和担保权人；二是担保物，允许对其进行简明描述；三是抵押债权的种类和数额，使第三人直接了解担保权的数量和份额以及其与第三人对债务人享有的债权是否属于同一性质，保障担保权人的优先受偿权。② 实际上，根据物权法的相关授权，中国人民银行征信中心于2007年建立了动产融资统一登记公示系统，面向全社会提供大量动产权利的统一公示与查询，其中艺术品融资担保也包含在内，通过登记可以对不特定第三人明示艺术品担保权力状况，预防权利冲突。当前，我国正在全国推行电子政务改革，这无疑给统一艺术品融资担保抵押登记平台提供了可能。以高效廉价的

---

① By-Laws and Code of Ethics of the Appraisers Association of America, Inc., revised June 1986, amended May 1987.

② 高圣平：《我国动产融资担保制度的检讨与完善》，《中国人民大学学报》2007年第3期。

方式向社会公开登记信息、艺术品介绍、风险评估等重要资料。

（四）完善艺术品融资担保的保管和保险机制

由于艺术品对其所保存的环境、安保和相关保管要求较高，因此不仅需要设置专门的艺术品保管体系，更需要建立健全保险机制以转移保管风险，同时艺术品保险机制应当建立在艺术品鉴定评估机制的完善成熟基础之上，以防范艺术品在融资担保过程中所出现的各类风险。在这个方面，西方国家已经形成了相当成熟的艺术品保管和保险行业，建立了较为完整的保险体系，主要承保各类机构或个人藏品，在艺术品质押的过程中，专业的保险公司在运输、储存、保养等各个环节都会由专门的机构完成，并有相当详细的规章制度和风险补救补偿机制，这对我国艺术品融资担保保管和保险机制具有重要借鉴意义。

一方面，要建立健全艺术品保管行业的准入机制，联合相关部门建立行业配套机制，为艺术品融资担保保管体系提供制度支持。另一方面，要根据当地保管实践中的经验，逐步建立完善的相关规章制度，推广艺术品专业集中管理。例如在潍坊政府的支持下，潍坊银行建立了自己的艺术品仓储库，还与潍坊博物馆合作，发挥其专业保管能力协助更好地保护艺术品。又如北京德美艺嘉文化产业有限公司建设艺术品保护库，既可满足金融机构艺术品融资担保保管的需求，也可服务于收藏家、中转商家等散户。我国目前开展艺术品保险的公司数量少，承保范围小，由于保险公司通常不认可家庭保管方式，并且其很难对艺术品进行专业的鉴定评估，因此一般不接受个人投保，而仓储库的显著优势是仓储公司与保险公司达成协议，为保管库内的艺术品投保提供直接服务，由此客户则能转移艺术品保管的风险，相对更方便经济。

（五）完善艺术品融资担保的变现机制

现阶段艺术品融资担保的变现方式有两种，一是依据合同提前联络购买方，比如潍坊银行的预收购模式和陕文投集团的远期购买人机制；二是由担保人或第三方处置担保物，如担保权人一方向法院申请评估拍卖，对所得价款享有优先受偿权。由于拍卖周期长及拍卖费用渐增，完善艺术品融资担保变现机制变得更为急迫。具体而言：其一，搭建以互联网为基础的具有公信力的艺术品融资担保交易平台，通过大数据与云服务将艺术品的相关史料、价格走向、收藏价值等动态特征推送到线上平台，实现信息共享，降低交易成本。其二，建立完整的预收购机制，分为预收购人机制与保证人机制两部分。预收购人指的是借款人预先找到的买家，若其到期不能偿还贷款，便由买家收购被质押的艺术品来偿还贷款。保证人指的是向金融机构投入保证金的大型文化集团，但凡出现借款人逾期未还款且预先指定的买家也未能收购的情况下，由其预存的保证金偿还尚欠贷款并收购质押的艺术品，随后利用自身拥有的平台和渠道将艺术品变现。

六 结语

近年来，随着我国经济发展的稳步推进和人民群众精神需求的日益增长，艺术品市场愈加呈现出火热的样态。法律作为调整和控制社会行为的工具，理应作为解决社会现实问题的圭臬而存在。然而，作为重点的担保物权制度，在艺术品融资担保的供给上愈显捉襟见肘。实际上，艺术品融资担保的风险识别与防控是一项系统工程，需要从美学、经济学、法学等多重视角，抑或是结合目前大数据、人工智能等新兴技术进行体系建构。面对此种状况，文章仅希望从艺术品融资担保的整体框架出发，通过分析产生的动因、法律风险，并对其发展运营模式提出可行性建议，试图推动实现艺术品市场内外部有机结合，形成开放、健康、包容、有序的生态链。

·文化产业研究·

城市文化力生产研究

周振华　朱文静[**]

摘　要：城市是人类文明的容器，在漫长的发展中，形成了独特的文化传统与资源。随着传统工业经济带来的增长极限，世界急需一种新的城市发展经济形态或模式。"文化城市"的提出与文化产业的勃兴，顺应了生态发展、绿色发展等可持续发展趋势，而城市文化力也成为城市竞争力的核心所在。本文认为城市文化力由文化资源力、文化资本力、文化价值力以及文化产业力综合而成，其中文化资源是城市的自然禀赋，文化资本是资源的资本转化，文化价值是文化资本增值的"炼金术"，文化产业则以文化创意、文化生产及文化消费循环实现文化力的再生产。

关键词：城市文化力；文化资源；文化资本；文化价值链；文化产业

---

[*] 本文系江苏省高校哲学社会科学重点项目"江苏省养老文化产品供给体系及供给模式研究"（项目编号：2018SJDI087）的阶段性成果。
[**] 周振华，文学博士，教授，江苏开放大学文化与艺术研究所所长；朱文静，经济学博士，江苏开放大学公共管理学院副教授。

一 问题的提出

城市是人类文明和科学技术进步的结晶。人类起源于漫长的、散居的乡野狩猎和农耕生活,人类城市的建立只有 5000~8000 年的历史,远远短于人类的乡村社会生活。但自从人类创建了城市,城市便以其强大的吸引力和集纳力,凝聚、集中、创造了人类伟大的智慧文明,并最终型塑、演绎出城市自身的发展机理,成为改造人类思想、推动人类进步的文化场域。从世界的历史发展看,无论是古代社会的军事防御功能的城市,还是近现代之后以"居住、工作、休憩和交通"(《雅典宪章》,1933)等功能为主的城市,都清楚地表明,城市已成为人类文明的主要象征,更是人类社会创造性活动的主体场所与空间。

全球工业化革命以来,经济迅速发展。1900~2000 年,世界人口增加了 4 倍,全球 GDP 增加了 18 倍。[①]从近现代世界经济的历史可以看出,工业是经济增长的核心。离开了工业的增长,生产性服务业就失去其服务的对象;离开了工业的增长,居民的生活水平就在物质层面上受到制约,从而也将影响生活性服务业。那么,工业增长和能源消耗是无极限的吗?

工业增长的极限,研究的核心问题是资源及环境如何对工业形成制约及如何改变这种制约。因此,这种研究工业增长的经济视角,被称为经济资源学/经济环境学,而不是资源经济学/环境经济学。从这个角度看,罗马俱乐部的《增长的极限——罗马俱乐部关于人类困境

---

① 林建永、汤进华:《工业增长的资源与环境制约——兼《增长的极限》一书介绍》,《发展研究》2010 年第 2 期。

的报告》（1972）是此领域最重要的文献之一。《增长的极限》应用计量方法从资源增长的线性与资源消费的指数性出发，对人口和工业受到的极限进行了实证性模型，论证了土地对人口的制约，资源、环境对工业增长的制约，以及人类发展存在的极限。

工业化与城市化是相伴而生的，工业的发展，带来城市经济增长方式趋同、资源和环境压力增大等多种问题。这时，既要保持城市经济增长，又要改变既有经济发展带来的诸多弊端，亟待一种新的城市发展经济形态或模式。

"文化城市"的概念，最早是在1985年，针对国际上出现文化在社会发展中地位不断上升，文化与经济、政治相互交融的程度愈来愈高的情势，于雅典举行的欧洲联盟文化部部长会议上被提出的。文化竞争力成为城市竞争力评价的综合性要素。一些世界级城市的政府纷纷从城市未来发展角度提出了一系列增强文化竞争力的新要求和目标。最为典型的就是"雾都"伦敦。伦敦作为世界最早工业革命的地区，也是工业化污染最早、最严重的地区之一。为解决日益严重的经济、环境问题，它们把城市文化作为城市可持续发展的源泉和驱动力。伦敦的"文化城市"目标具体体现在四个方面：一是卓越性，即提高伦敦作为世界一流文化城市的地位；二是创建性，即把创新作为推动伦敦成功的核心；三是可参与性，确保所有的伦敦人都有机会参与到城市文化之中；四是效益性，即确保伦敦从它的文化资源中获得最大的利益。[①]显然，在伦敦市政府的目标中，世界级的城市不仅是经济上的世界中心，同样也应是文化方面的世界中心。

从1933年《雅典宪章》关于"功能城市"的提出，到2003年伦敦市"文化城市"的定位，文化城市的探索已经持续了70年。21世

---

① 转引自沈丹：《上海市郊古镇文化产业的发展研究》，华东师范大学硕士学位论文，2008。

纪的今天，我们需要更多文明、更加繁荣的现代化文化城市。现代城市不仅具有功能性，更应具有文化性。城市化进程不应仅是量的扩张，更应是质的转换与飞跃。从"功能城市"走向"文化城市"，就是这种质的飞跃的核心理念与理论凝练。

对城市核心价值的重新认识为文化城市发展提供了重要基础。众所周知，现代城市具有多个功能与价值：（1）文脉功能与历史价值；（2）社会功能与文化价值；（3）精神功能与艺术价值；（4）环境功能与生态价值；（5）使用功能与物质价值；（6）经济功能与再生价值。[①]

1998年11月4日，联合国教科文组织在巴黎总部首次发表《世界文化报告》。报告预测了第三个千年中城市发展的几种倾向：第一，全球将进一步城市化，估计在21世纪的第一个十年，将有超过世界1/2的人口住在城市；第二，城市化和全球化的相互作用将加强；第三，未来的城市将把权力和责任继续转移给地方当局和市民社会。[②]在此大背景下，一个国家和地区的现代化，在很大程度上将成为一个以城市现代化为中心展开的历史过程。而新的文化城市的崛起，将是这一历史过程中精彩的篇章。

正如联合国教科文组织预测，当代中国正处于城市化水平快速提高时期。国家统计局2019年发布的数据显示：截至2018年末，我国31个省、自治区和直辖市（不含港澳台地区）城镇常住人口83137万，城镇人口占总人口比重的59.58%，与上一年末同比增长1.06%。[③]城镇化率已经达到近60%，城市在生活和生产的空间占有越来越多的

[①] 卢涛、李先逵：《城市核心可持续发展研究的多学科调适理念》，《城市发展研究》2002年第1期。

[②] 详见联合国教科文组织编《世界文化报告：文化、创新与市场（1998）》第七章，关世杰等译，北京大学出版社，2003。

[③] 国家统计局：《中国统计年鉴（2019）》，http://www.stats.gov.cn/tjsj/ndsj/2019/indexch.htm。

位置。

20世纪90年代以来，经济的一体化和全球化突飞猛进，竞争日趋激烈。经济一体化和全球化，使得国家的边界变得不太重要，而城市的作用日益突出。换言之，国家的竞争力更多地体现在城市竞争力上，体现在城市文化的竞争力上，城市文化成为城市竞争力的动源——动力之源与动向之源。

一个国家的文化与其经济活动密不可分，但是传统的经济学只把文化作为外部因素，并没有直接研究文化与经济的关系。在重视服务业的后工业化社会，文化要素已然成为第一生产要素。随着城市工业的迁移、经济的转型以及功能的转化，当代的城市经济发展越来越少地依赖于制造工业，而越来越多地依赖于知识经济、城市文化及其衍生的文化产业所形成的文化生产力。

根据中国社会科学院《中国城市竞争力报告（2003）》[1]定义，所谓城市竞争力，是指一个城市持续创造财富的能力。城市竞争力作为一个综合概念，既包括经济竞争力，也包括文化竞争力。文化作为一种无形的、内在的要素资源，是城市竞争力的重要来源。21世纪国际范围内的城市竞争，在很大程度上归结于"软实力"，即城市"文化力"的较量上。

概言之，城市文化力，是城市的文化资源基础、文化资本转换能力、文化价值增值能力、文化创意能力、文化产业生产能力、文化消费能力等实力的综合体。它对城市发展的影响与作用越来越突出，成为推动城市经济社会可持续发展的重要力量。

---

[1] 倪鹏飞:《中国城市竞争力报告No.2》，社会科学文献出版社，2003。报告认为，城市竞争力 = F（硬要素、软要素）=> 城市功能体系，其中，硬要素 = 生产要素 + 基础设施 + 区位环境 + 产业基础；软要素 = 文化 + 制度 + 管理 + 开放。城市功能体系 = $\sum X_{ji}$，其中 j 表示具体专业功能，i 表示空间功能。

二 文化资本力：文化资源的资本转化

"文化资本"的概念由法国社会学家布尔迪厄首先提出，他在《资本的形式》中首次完整地阐述了"文化资本"的概念，并由此引申了"社会场"中的"文化权力"问题。

在布氏的社会学理论中，他划分了资本的三种基本类型："（1）经济资本，这种资本可以立即并且直接转化成金钱，它是以财产权的形式被制度化的；（2）文化资本，这种资本在某些条件下能转化成经济资本，它是以教育资格的形式被制度化的；（3）社会资本，它是以社会义务（'联系'）组成的，这种资本在一定的条件下也可以转换成经济资本，它是以某种高贵头衔的形式被制度化的。"[①] 在这里，我们应当注意到，经济资本（包括通常意义上的物质资本、金融资本、自然资本等）是基础性的资本类型，其他类型的资本都是以经济资本为基础的，在此基础上，文化资本、社会资本等才能分离出来。正如布氏所言，这些资本类型彼此间可以相互转化。

布尔迪厄将资本的概念运用到文化分析之中，从资本的角度切入和看待文化问题，在文化领域中发掘资本的力量。众所周知，马克思从商品流通的关系中界定资本，布尔迪厄的资本概念超出了马克思的经济范畴，将资本与经济利益的观念主动扩大到符号、文化以及各种非物质性的活动领域。他认为，资本除了能直接转换成金钱的经济形式之外，还能以文化的形式存在。最初，人们并不承认文化资本是一种资本，而只承认它是一种受到认可的权威、是一种合法的能力。布

---

① 〔法〕布尔迪厄：《文化资本与社会炼金术》，包亚明译，上海人民出版社，1997，第192页。

尔迪厄在此基础上向前推进了一步，指出权威和能力是可以转换成其他资本的，文化资本其实表现为一种符号资本，它可以落实到文化品等具体形式中，可以被个人或团体所占有。这样，布尔迪厄资本的概念从原有的物质状态扩展到文化符号领域，他将文化视为一种资本，揭示了西方资本主义日益加深的资本统治。

如果说布尔迪厄的资本与文化资本理论侧重于社会学领域，那么后来的澳大利亚经济学教授戴维·思罗斯比则直接将布氏关于文化资本的论述引入现代经济学领域，以经济学研究方法对这一概念重新定义，认为"文化资本是以财富的形式具体表现出来的文化价值的积累"[1]，这种积累紧接着可能会引起物品和服务的不断流动。与此同时，形成了本身具有文化价值和经济价值的商品。

思罗斯比在《什么是文化资本》一文中，以经济学的研究方法把资本的类型划分为：物质资本、人力资本、自然资本和文化资本四种。其中，前三种是经济学上传统的资本类型，而文化资本被看作一种独立的资本类型。他把"文化价值和经济价值之间的关系"视为文化资本概念得以建立的基础，文化资本兼具社会学和经济学的意义。思罗斯比进而区分了两种形式的文化资本。"有形的文化资本的积累存在于被赋予了文化意义（通常称为'文化遗产'）的建筑、遗址和诸如油画、雕塑及其他以私人物品形式而存在的人工品之中。这些财富导致了服务的流通，这些服务在进入最后消费阶段的时候立即被作为私人或公共物品被消费，并且/或者紧接着可能会产生新的商品和服务，其中包括新的文化资本。另外，无形的文化资本包括一系列与既定人群相符的想法、实践、信念、传统和价值。然而这个群体是事先确定

---

[1] 〔澳〕戴维·思罗斯比：《什么是文化资本》，潘飞编译，《马克思主义与现实》2004年第1期。

的,并且与之结合在一起的也是以公共品的形式存在于公共领域中的一系列艺术品,例如文学和音乐,这些无形的文化财富同样会引起服务的流通,这种流通也许会形成部分的私人最终消费,并且/或者也会导致新的文化商品的出现。"[1]概言之,文化资本是以市场为导向并在参与市场运行中实现价值增值的文化价值(物),其外延是具有资本增值属性的一切文化要素。文化资本的产生是以文化资源的活化为前提的。

文化资源是指包括文化遗产在内的人类创造的各种物质文明和精神文明的总和。它分为有形的或物质的文化资源与无形的文化资源两类。前者指以物质形式表现的各种文化现象与事实。如各种考古学的遗迹与文物、人类现行所创造的各类物品等;后者指没有物质载体的各种文化现象和事实,以及由物质载体所体现与反映的各种文化精神,如社会组织、语言特征、思想观念、心理特征、建筑风格等。[2]可见,文化资源是人们文化活动(包括文化产品生产、文艺创作、文化经营活动等)中可资利用的,能增进收益并促进文化生产力,带动文化经济发展的各种资源的总和。

从经济学的角度来理解,资源一般指生产资料或生活资料等的来源。这样的来源通常有两种,一是自然界产出的自然资源,如土地、水源、木材、矿产等;二是随着人类的社会实践不断创造和逐渐积累的社会资源和文化资源,如道德习俗、知识信息、文学艺术等。由于人类的社会实践是历史的不断发展的活动,因此,文化资源是一种动态的资源,是随着人类社会的发展不断生成和积累的。它可以被人们在各种文化活动中加以利用,从而带来收益,创造财富。同时,文化

---

[1] 〔澳〕戴维·思罗斯比:《什么是文化资本》,潘飞编译,《马克思主义与现实》2004年第1期。
[2] 陈国强主编《简明文化人类学词典》,浙江人民出版社,1990,第90~91页。

资源往往包括了自然资源和社会资源。其中，自然资源通常作为文化生产的前提条件，如艺术创作的石材，旅游景点的自然景观、环境等。对许多文化生产和文化经营活动来说，离开了自然资源，其生产就会成为无源之水；而社会资源是文化资源的主体部分，文化内容的生产主要源于对社会资源的开发和利用，包括文化教育、科学知识、风俗传统、宗教信仰、民间文艺、礼仪宗法、神话传说等，其与人类的社会实践活动是密不可分的；另外，在文化生产活动中即使是对自然资源的开发利用，也少不了人才、技术、知识、创意、信息、管理、科学、智力等社会要素的参与，因此文化资源中社会资源往往具有更大的价值，其重要性远在自然资源之上。

由于文化资源的最终目标是要转化为经济收益，因此，文化资源必须向文化资本转变，文化资本是文化资源在经济生产领域的活化。这一活化的实质是利用文化资本运动和增值的属性，通过市场化运作，促进文化资源的有效开发，实现文化资源潜在经济价值向现实经济价值转化。这种转化既有其自身的主观意向性，又有其客观现实性。一方面，人类社会的文化活动与社会实践是有目的、有意识的，不同于动物界的盲目生存活动。在对文化资源的占有方面，其意向性就表现在：人们为了使其所占有的文化资源产生价值增值，取得利润，就必须将这些文化资源置于社会交换场域中，使其在市场运作中转变为文化资本，进而转换成现实的经济资本，实现对资本的有效占有。处于这种对经济资本有效占有的欲望，资源才越来越频繁地向资本转化，即加快文化资源-文化资本-经济资本的转化过程，也就是文化资源的活化过程。另一方面，市场分工和交换的普遍化为文化资源向文化资本的转化提供了现实的社会机制。如果"没有分工和交换的普遍化，凝结在文化产品中的劳动价值仅仅具有具体性，未经交换呈现不出社会性，不能成为社会性的劳动，它的价值就显现不出来。因此，文化资源只有在社会交换的活动中，或者经过了社会交换的过滤，呈现出可见的劳动价值，才能成为文化资本。由此，可以推知，只有到了现代社会，在商品经济的市场机制下，文化资源才具有转化为文化资本的社会条件"①，才能实现文化资源的活化。

活化文化资源，实现文化资源的资本化有外延型和内涵型两种方式。外延式指采取各种有效的手段，以增加文化资源的数量为主来实现对文化资源充分利用。比如建造新的人文景观，申报更多的历史文化遗产，拍摄各种影视作品等。社会实践的发展和科技的不断进步，为人们进行外延型的文化资源开发提供了广阔的题材和充分的手段。然而，这种外延型的开发往往受数量和地区状况的限制，并可能浪费和虚置原有的文化资源。例如旅游资源，一地的风景名胜毕竟有限，而建造新的景观则需要投入大量的物力、财力、人力，且很大程度上是对于原有资源的一种浪费，没有对原有资源的价值潜力进行充分挖掘。目前，全国各地制造了很多"人造地标"文化符号，就是这样的典型案例。与此相反，内涵式则是指采用一些新的手段，充分发挥人的想象力和创造潜能，对各种现有的文化资源进行新的发掘，以提高对文化资源的利用深度和效益。例如，南京夫子庙－秦淮风光带自古以来就聚集了众多才子佳人，不但有着优美的自然风光，更有"江南文枢"的孔庙和贡院，以及流传的传奇佳话。若对其进行内涵开发，一可凭借其迷人的天然景色开展旅游、休闲观光业，二可挖掘其深厚的文化底蕴进行艺术创作。以内涵开发提高文化资源的利用效率和创造新的文化内容。内涵式开发文化资源，相较于外延式开发，更具有积极意义。

总之，文化资本源于文化资源的活化。文化资源只有进入现实社

---

① 陈锋：《文化资本导论》，中共中央党校哲学部博士学位论文，2005。

会的文化市场活动，才具有转化为文化资本的可能性与现实性；文化资源只有投入社会再生产之中才拥有持续的开发潜力；文化资源只有转化为文化资本才能显现巨大的经济价值。因此，文化资源是文化资本生成的基础、前提、来源，文化资本是文化资源实现产业化运营的结果和价值体现，二者互为因果，共同推动着城市文化力的发展。

三　文化价值力：文化资本增值的"炼金术"

根据布尔迪厄和思罗斯比的理论，城市也可以作为一种文化资本存在方式——"文化资本空间群"，一种可无限开发的文化资本矿藏。中国学者张鸿雁扩展了文化资本的外延，将文化资本的占有者从"人"延伸到"城市"，提出了"城市文化资本"的概念，在"城市文化场域"与"城市文化资本"再生产的基础上，将城市文化研究延伸至"城市的可持续发展"、"城市的终极价值"的构建、"中国式城市文艺复兴"的角度，阐述了"城市文化资本"是城市发展的新的"文化动力因"。[1]

文化资本具有资本的属性，但是它并不能直接带来利润，它需要形成文化价值，引导消费理念，并形成文化价值链，促成竞争优势。

1985年，迈克尔·波特在《竞争优势》一书中提出了"价值链"概念，他认为价值链就是在企业或产业的支持性生产活动与基本生产活动过程中实现价值的累积与增加。[2] 克洛特也在同年出版的《设计全球战略：比较与竞争的增值链》中明确提出了用增值链[3]来进行国

---

[1] 张鸿雁：《中国式城市文艺复兴的发生与第六次城市革命》，《城市问题》2008年第1期。
[2] 〔美〕迈克尔·波特：《国家竞争优势》，李明轩等译，华夏出版社，2002，第3页。
[3] Kogut B. *Designing Global Strategies: Comparative and Competitive Value Added Chains* [J]. *Sloan Management Review*, 1985, 26 (4).

际战略优势分析，克洛特认为价值在将技术、原料以及劳动进行结合并形成产品的过程中体现，每一环节的加工以及交易、消费都是对价值的增加，并且形成价值交流的循环。

波特提出的价值链是企业由内向外的联系过程，而城市文化价值链是一个在一定区域内的内部运作系统。虽然城市要比一个企业具有更复杂的系统与更庞大的价值生产空间，但是深究城市文化价值链的本质，其依然是一个通过"文化资源－文化资本－文化价值－文化生产－文化商品－文化消费"提升文化价值以达到相应目的的链式动态过程。城市文化价值链的基本原理就是以文化要素为生产资料，以文化产业或产业平台为依托，以提升文化价值为目的，从而在价值流动的过程中实现被提升的过程。

简言之，城市文化价值链是以城市文化资源、文化资本为基础，通过价值流通的方式形成城市文化价值的增值。因此，城市文化价值链中的核心要素应包括资源、资本、路径以及平台。与之对应，城市文化价值链的组成要素由城市文化资源、城市文化资本以及高赋值城市文化增值活动组成。城市文化价值链的形成，需要通过以下途径。

首先，城市文化资源资本化。文化之所以能够成为资本，一是因为文化从某种意义上来说是一种稀缺资源，具有自然资源所无法替代的、另类的"稀缺价值"。二是因为它从来就不是虚幻或抽象地存在于世界之中，而总是以某种具体的形式存在，并以某种方式能够在人类社会中传承下来，具有一定的交换价值，而且最终以经济资本或社会资本的方式为其持有者带来剩余价值或"红利"。

从属性层面看，文化资源可以分为文化社会资源与文化自然资源；从存在样式看，文化资源可以分为物质文化资源与非物质文化资源；从功能层面看，文化资源可以分为物质文化资源与精神文化资源。无论基于何种层面，城市文化资源的首要条件是较大范围内的文化资源，部分乡镇文化则不在城市文化价值链的讨论范围之内。城市文化资源要具有一定的增值空间。城市文化资源流动的最终目的是产生较大的城市文化价值增值，城市文化价值链的目的也是彻底摆脱原有的产品经济模式，形成以文化产业服务为主的新型经济主流，部分不具备升值空间的资源不在城市文化价值链的研究范围之内。

城市文化资源转化为文化资本后，大体表现为以下特点和属性：一是城市自然和人文文化之源的垄断性文化属性；二是城市自然和人文文化资源的唯一性文化属性；三是城市制度文化的创新性文化属性；四是城市符号化资源的"集体记忆"性文化属性；五是城市客观物化遗存资源的艺术性文化属性；六是城市优秀思想文化和创新文化的进步性文化属性；七是城市优秀行为文化和生活方式文化资源的样本性文化属性；八是城市公共资源的空间正义与公平性的文化属性；九是城市英雄主义和精英群体的引领性文化属性；十是城市历史文化资源刚性价值的文化属性。[1]

基于文化资本意义上的城市文化资本一旦形成城市文化资本价值，自身也会形成一种"文化生产场域"，这一场域具有文化"炼金术"的功能，既能使已经存在的文化资源转化成文化资本，也能创造出新的文化资源。城市文化资本作为城市文化价值链的要素，为城市文化价值的流动提供了价值循环的动力，而自身形成的文化场域让城市文化在既定的范围内实现价值的增长，其重要性要远远高于城市文化资源与城市文化资本自身的价值。

其次，城市文化价值链包含其文化价值的基础活动和价值流通活动。价值基础活动是指在创造城市文化价值过程中实现文化价值创造与文化价值增值的单独环节，从文化价值链结构来看，包括城市文

---

[1] 张鸿雁：《城市文化资本与文化软实力》总序，江苏凤凰教育出版社，2019，第8页。

资源独立运营、城市文化资本独立转变、高附加值城市文化价值活动独立运营等。价值流通活动，也可以被称为文化价值流，是指一个城市的城市文化价值经过链式流动后形成价值变化的过程，该过程包括所有将各个城市文化资源、城市文化资本等元素进行串联的条件与平台，而文化价值流通活动的作用除了能够串联文化自主活动外，也能够吸引区域或城市以外的物资、资本、技术、人才、产业、平台、信息、服务等资源要素向区域或城市内集聚。通过各种资源要素与文化要素的重组、整合来促进和带动相关文化产业升级和文化价值的扩充，并且能够形成较强的文化传播能力，满足区域内价值需求。形成向周边和外界的扩张和辐射，使得城市文化价值在流动中实现内部循环与外部传播的共同价值，再从内部的循环过程与外部扩张中，扩大文化价值规模，产生文化价值的永续性增长。

城市文化价值链的最后一个要素是高附加值活动要素。从城市文化资源转化为城市文化资本是一个由单体静态主体转向场域内动态流动的过程，这一过程是城市文化资源与城市文化资本循环双向流动的过程。而到了高附加值活动环节，则是城市文化资本自由发挥价值增加的平台，在这个平台上，城市文化价值被资本化运营，自身价值被大幅度提升；同时促进城市中传统经济生产行为的转型，利用文化产业逐渐代替传统工业，成为城市、区域乃至国家的战略经济支柱。高附加值活动要素代表了城市、区域中的文化产业、文化产业簇群、文化产业平台等相关增值通道与发展路径，城市文化价值提升的空间由城市文化的创新与衍生所决定，而非传统工业中的资源决定。高附加值活动要素的资本化能力将直接决定城市文化价值提升的空间，而从全球视角来看，城市与国家的软实力衡量标准主要依据城市与国家中高附加值活动要素的数量与活力。

基于城市层面的城市文化价值链，其功能主要是传承文化、保护资源、实现文化资源的资本化价值提升，同时提升自身竞争力，产生具有集聚效应的吸引力，吸引周边以及外部的优质资源聚集于城市内，提升城市文化价值链能级，扩大城市文化价值链最终输出价值成果。城市之间因为城市价值链的侧重及输出价值类型的差异，可以协调城市之间的文化产业类型，形成更好的文化产业簇群，避免部分文化产业产能过剩的局面。总体看来，城市之间的城市文化价值链主要作用以协调产业布局为主，以规避产业同质化风险为辅；基于区域层面的城市文化价值链，更多的是以地缘关系为依托，构建以地域文化为依据的区域文化产业链，根据每个城市自身的文化产业、文化平台等相关产业角色，组建全新的区域文化产业链，在区域内部完成文化产业链的完整构建，形成区域内文化产业经济大循环，提升区域以及国家的文化产业实力。基于世界层面的城市文化价值链，则是以区域所形成的文化产业链为依托，形成新的区域文化价值链，重构世界经济格局，促进世界经济结构转型。

一座城市的真正价值实际上存在于城市投资者和消费者的头脑中，城市竞争说到底是品牌的竞争，它包括知名度、美誉度、忠诚度和联想度。知名度就是品牌认识的程度，即品牌对社会公众影响的广度，包括城市国内和国际知名度、市长国内和国际知名度；美誉度是指消费者对品牌价值的认可，对城市有好的印象，有好的评价；忠诚度表示该品牌在消费者心中不可替代的程度，人们对城市有一种依恋感，建立了持久的感情；联想度是指通过品牌而产生的所有联想，比如想到"人间天堂"就想到"中国杭州"。得品牌者得市场，而品牌的一半是文化，文化是城市品牌的灵魂，文化资源是城市发展和城市竞争的重要资源，通过文化管理来塑造城市形象，提升城市无形资产的价值。

可见，特色文化符号能够在某些条件下转换成城市文化资本价值。特色是城市的品牌、城市的优势，也是城市的竞争力之所在。一个城市首先必须提炼出与众不同的核心价值，必须给予人们一种独特的体验，否则城市之间将缺乏本质上的差异性，失去吸引力，流于平凡。城市品牌是最宝贵的最有价值的城市财富，是城市竞争力的制高点。所以，城市的文化符号也就成为一种必然。城市文化符号化发展的结果，就是形成许多独具特色的城市文化和文化景观，如北京的首都文化、南京的金陵文化、重庆的巴蜀文化、青岛的啤酒文化、美国底特律的汽车文化、拉斯维加斯的赌城文化、洛杉矶的好莱坞文化、梵蒂冈的宗教文化、法国戛纳的电影文化，等等。

概言之，城市文化价值链定义的是一个城市的城市文化价值提升的链式流动过程，城市文化价值链将城市中文化资源的自我运营机制、资源配置机制和文化价值创造机制有机地整合在一起，形成内部与外部平行运作的双系统。内部运营按照城市文化资源的种类与文化产业的类型，独立运营各自的城市文化资源，文化创新发展，形成以产品为载体、以城市特色为符号、以文化资本为依托的有机结合的整体，按照文化资源种类与文化价值层次，逐级提升发展力度，逐步增强文化价值创造，切实推动城市实现文化价值最大化与城市文化资本化特色化的进程，实现城市竞争力与国家竞争力的本质性提升。

四 结语

刘易斯·芒福德认为，"城市的主要功能是化力为形，化能量为文化，化死的东西为活艺术形象，化生物的繁衍为社会创造力"。[1]

资源是既有的、静态的，而资本是发展的、活态的，资源本身并

---

[1] 〔美〕刘易斯·芒福德：《城市发展史——起源、演变和前景》，宋俊岭等译，中国建筑工业出版社，1989，第76页。

非资本。文化资源要转化为文化资本必须经由创意开发、产业运营和市场消费，文化生产/消费是促进文化资源资本化的关键一环，文化价值是其是否值得人们进行文化生产/消费的标准与尺度。

城市文化作为现代工业文明和城市化的结果，同时作为文化整体不可分割的一部分，其资本的属性也是不言而喻的。城市文化之所以能够成为资本的全部奥秘，也就存于城市－文化－资本－价值－生产－消费的永恒循环之中。

在文化产业的语境中，文化产业是通过将文化价值转变成经济价值而成立的。文化资源只有转化为文化资本才具有经济价值，才能进入产业运营实务领域。从资源到资本，在通俗的意义上，可以理解为从物态或非物态的文化存在物变为可以实物化的商品、服务。显然，只有当文化资源被开发为文化产品和服务，被投入市场，被消费以后，这些资源才会变现为收入，才能继续投入产业当中，不断做资本循环运动。更进一步说，某种程度上，消费走向决定产业走向，文化消费市场行情为如何开发文化资源提供了重要参考信息，可以说，文化消费是决定文化资源开发、文化产业生产的指向。

城市产生了文化，而文化定义了城市。城市文化是一个城市在发展过程中所积淀的文明与脉络，是城市的灵魂，更是城市的生命力。城市的进步，产业的发展，科技的创新，其根本还是以文化为动力，以文化创新为驱动的发展。城市文化的重要性不仅仅在于文字、建筑、艺术等实体表现的静态功能，其更重要的功能是在历史的长河中传承、传播、教化、衍生等实现文化延伸性与自觉性的动态功能。城市既是文化记录的载体，也是文化发展的平台。在21世纪，全球价值竞争已经从企业价值竞争上升为城市区域价值竞争，而竞争主体也由"硬实力"竞争转为以"软实力"为代表的文化力竞争。新一轮的经济转型使得文化产业经济成为主导世界经济建设的主流。

广州市近年文化产业政策回顾研究[*]

吴喜怡[**]

摘　要：近年来，广州市为深入推进文化产业的快速发展，高度重视加大产业政策的支持力度，制定并出台了一系列文化产业发展的扶持政策，初步形成"1+N"的文化产业政策体系。本文对广州市近年出台的文化产业政策进行了梳理，重点分析了广州文化产业政策体系的现状、存在的问题，对广州现有的文化产业政策现状和问题提出相应的对策建议，以期促进广州文化产业政策的完善。

关键词：广州；文化产业政策；1+N政策体系

一　广州近年文化产业政策回顾

为推进全市文化产业的快速发展，近年来广州高度重视加大文化产业政策的扶持力度，在财政、税收、金融等方面加大对文化产业的政策支持。2018年，广州市颁布文化产业发展的重要纲领性文件《广州市关于加快文化产业创新发展的实施意见》，并在电影、动漫游戏、

---

[*] 本文系广东开放大学2017年校级科研项目：广州文化产业发展与公共政策支持研究（1722）的研究成果。

[**] 吴喜怡，硕士，广东开放大学文化传播与设计学院讲师。

文化产业园区、实体书店、博物馆等文化产业领域和行业出台了一系列配套政策文件，制定并出台了文化与金融融合、文化与科技融合的实施意见等政策，初步形成了广州市的"1+N"文化产业政策体系，出台的系列政策服务于广州文化产业的发展，促进文化产业与其他产业的深度融合发展，为广州全面推动文化产业高质量和快速度发展提供指引。[1]

2018年11月，广州市出台了首份关于文化产业发展的综合性政策文件——《广州市关于加快文化产业创新发展的实施意见》（以下简称《意见》），旨在推动和促进广州文化产业的创新发展。该《意见》为广州文化产业的发展确立了高端的战略地位，明确了未来广州文化产业发展的方向。《意见》立足广州文化产业的优势，提出大力发展以数字内容为核心的文化娱乐产业，巩固和壮大数字内容产业；鼓励和支持动漫游戏的原创开发，打造动漫游戏产业之都；加快推进传统媒体与新兴媒体融合发展，推进传媒影视发展；实施精品文艺工程，建设全国艺术产业中心；推进文化创意和设计服务发展，培育全球文化创意设计之城；创建文化装备产业基地，打造全球文化装备制造中心；高度重视新技术在文化产业领域的创新与应用，超前布局文化产业前沿领域作为广州文化产业重点发展的七大领域。《意见》还提出广州文化产业发展的资金支持措施、文化产业发展的用地举措、文化产业交易的营商环境优化办法、文化产业高端人才引育机制等，并提出到2035年，基本将广州建成国际性文化产业枢纽城市。[2]《意见》为广州文化产业的创新发展提供了明确而强有力的政策支持和引导。

---

[1] 徐咏虹主编《广州文化创意产业发展报告（2019）》，社会科学文献出版社，2019，第2~3页。
[2] 《广州市关于加快文化产业创新发展的实施意见》（穗府办规〔2018〕28号），广州市人民政府网，http://www.gz.gov.cn/zwgk/fggw/sfbgtwj/content/mpost_4759428.html。

在《意见》颁布之前及之后，广州市还出台了一系列促进文化产业发展的扶持政策。

2016年11月广州市制定的《广州市关于加快动漫游戏产业发展的意见》，提出通过建立原创资源库，奖励扶持原创做优做强；重视公共平台建设，推动平台对接各种资源；积极开拓国内外市场，鼓励动漫游戏"走出去"；鼓励人才引进和培养，全面提高从业人员素质；优化产业发展环境，提高市场竞争水平等主要措施。力争用5~10年的时间，涌现原创动漫精品力作，创造一批具有国内和国际影响力的动漫品牌，扩大产业规模，将广州打造成动漫之都，保持广州在全国动漫产业的领先地位，并跻身国际动漫游戏产业强市行列。[1] 动漫游戏产业是实现广州新经济的增长点和"广州创造"的重要内容，《意见》还提出广州市本级财政预算每年将安排动漫游戏产业发展专项扶持资金，科学开展对动漫游戏产业发展的扶持，规定动漫游戏产业人才优先落户等对原创动漫发展的多项支持措施。

2017年2月，广州市制定《广州市推进文化金融融合发展的实施意见》，提出了创新文化金融体制机制、创新金融服务支持文化产业发展、完善文化金融融合发展配套保障体系的主要任务，促进广州文化产业和金融产业实现强强联合，形成文化与金融的良性互动，深入融合发展的创新模式。[2]

2017年9月，广州制定了《广州市人民政府办公厅关于促进我市文化与科技融合的实施意见》，提出实施创新驱动，培育新型文化业态，强化科技对文化产业的支撑以推动传统文化产业转型升级，扶持

---

[1] 《广州市关于加快动漫游戏产业发展的意见》（穗府办规〔2016〕15号），广州市人民政府网，http://www.gz.gov.cn/zwgk/fggw/sfbgtwj/content/post_4758900.html。

[2] 《广州市推进文化金融融合发展的实施意见》，中金网，http://www.cngold.com.cn/20170807d1899n167789821.html。

文化科技企业发展，发挥集聚优势，打造文化科技融合示范基地，搭建公共平台，提升服务支撑能力，大幅扩展文化产业的创新发展能力，目标是形成广州文化产业与科技深度融合发展的良好态势。①

2017年10月，广州市印发《广州市市级文化产业示范园区管理办法》，办法明确了广州市市级文化产业示范园区的申报与认定的条件、管理措施和评估办法，引导和促进广州市市级文化产业示范园区健康有序发展，加快形成广州市特色文化产业集群。广州积极按照示范园区管理办法开展市级及以上文化产业园区认定工作，进行严格调研和筛选，陆续认定了33个市级文化产业示范园区。②《办法》使广州产业园区实现了数量与质量的提升，广州市创意产业园2018年园区产值超过150亿元，预计2019年产值超过200亿元，成为旧厂房改造成功的范例。

2017年10月，广州市印发《广州市推进文化创意和设计服务与相关产业融合发展行动方案（2016—2020年）》，提出通过将文化创意和设计服务这两个元素融入工业制造、商贸服务、科技信息、旅游产业等领域的九大行动计划，使这些领域的产品和服务的附加值得以提升，塑造品牌，提升市场竞争力，推动广州调整和优化升级文化产业结构，进而提升城市的品质和国际竞争力。③

2018年9月，广州市出台《广州市扶持电影产业发展暂行规定》，对电影产业的发展加大了扶持力度，鼓励广州出品优秀的电影

---

① 《广州市人民政府办公厅关于促进我市文化与科技融合的实施意见》（穗府办函〔2017〕223号），广州市人民政府网，http://www.gz.gov.cn/zwgk/fggw/sfbgtwj/content/post_4758890.html。

② 《广州市市级文化产业示范园区管理办法》（穗文广新规字〔2017〕3号），http://law168.com.cn/doc/view？id=170699。

③ 《广州：到2020年"文化创意之都"地位进一步增强》，中国经济网，http://www.ce.cn/culture/gd/201712/19/t20171219_27321806.shtml。

作品。文件中明确了广州电影产业扶持资金的来源，提出对入选广州市重点电影选题的项目采取重点扶持，对票房突出的电影作品给予一次性资助，通过资金资助的方式鼓励广州电影"走出去"，以资金资助的方式支持传播广州城市形象、宣传广州文化的电影，支持广州大力引进和培育优秀的电影人才，鼓励电影投资，鼓励创新电影金融产品，支持设立影视综合服务单位以为广州的电影企业提供更好的服务，《规定》还指出广州要全面落实国家和省市电影产业的税收优惠政策。①

2018年10月，广州印发了《广州市博物馆扶持资金管理办法》（以下简称《办法》），加强对博物馆的扶持力度，广州各级各类博物馆可按《办法》中明确的条件申报扶持资金，《办法》中的扶持资金用于广州的新建博物馆项目、扩建博物馆项目，并在博物馆运行的奖励项目中择优给予扶持。②

2018年12月，广州市出台《广州市关于支持实体书店发展的实施意见》，提出的对实体书店扶持的方式包含：对实体书店实行租金补贴，以项目补助的方式鼓励实体书店创新经营，对实体书店建设及经营过程中发生的银行贷款给予贷款贴息，对实体书店实行税收优惠，向实体书店购买文化服务等，目标是要将实体书店打造成新型人文生活空间，建设成城市的文化地标。③

---

① 《广州市人民政府办公厅关于印发广州市扶持电影产业发展暂行规定的通知》（穗府办规〔2008〕23号），广州市人民政府网，http://www.gz.gov.cn/zwgk/fggw/sfbgtwj/content/post_4759273.html。

② 《广州市博物馆扶持资金管理办法政策解读》，广州市文化广电旅游局（广州市文物局）——文广频道，http://wglj.gz.gov.cn/gzswhgdlyjgzswwj/zwgk/zcjd/content/post_5611598.html。

③ 《广州9部门支持实体书店发展的实施意见出台》，中国经济网，http://www.ce.cn/culture/gd/201812/21/t20181221_31087632.shtml。

在上述文化产业政策体系的引导和扶持下，广州文化产业呈现快速发展的良好态势，文化产业经济贡献日益突出。根据《广州文化创意产业发展报告（2019）》的统计，2017年广州文化产业实现增加值1161.07亿元，同比增长18.87%，占全市国内生产总值的比重达到5.4%，占广东省文化产业增加值的比重达到24.1%，占全国文化产业增加值的比重达到3.3%。《广州文化产业发展报告（2020）》的总报告数据显示，2018年，广州文化产业实现增加值达到1369.69亿元，占GDP的比重为6%。初步核算，2019年广州文化产业增加值为1600亿元，占GDP的比重达到6.8%，文化产业在广州经济发展中的地位进一步提升。预计2020年，在5G、人工智能、AR/VR等新技术应用、文化娱乐消费方面的支出不断增长，在"新基建"加快实施等利好因素的推动下，广州文化产业将继续保持快速发展的势头。[1]

二 广州文化产业政策体系存在的问题

广州文化产业政策体系并不完善，主要表现在以下几个方面。

（一）文化产业政策体系不健全

近年来，广州市政府对文化产业给予了较高的重视，文化产业政策体系初见端倪，但仍存在体系不健全等问题。广州虽然制定了动漫游戏、文化产业园区、电影、实体书店、博物馆等文化行业的配套政策文件，但是在数字音乐、网络直播、文化交易（文交会）等广州自身发展势头较好的新兴行业方面缺少相应的扶持政策。此外，政府促进文化产业发展的资金、税收、人才、用地等政策推手分散在广州市

---

[1] 徐咏虹主编《广州文化产业发展报告（2020）》，社会科学文献出版社，2020，第3页。

其他产业政策中，指导文化产业发展的政策比较零散和不全面，也没有系统性。

（二）文化产业政策出台相对滞后

广州市出台文化产业发展纲领性文件《广州市关于加快文化产业创新发展的实施意见》已有一年半时间，《意见》提出要研究制定广州市文化产业发展专项资金管理办法、广州市文化产业发展指导目录和广州市文化产业高端人才紧缺目录等文件，但是笔者经过搜索，并未找到上述文件制定颁布的消息。横向对比来看，以文化产业发展专项资金管理办法为例，北京、上海早在2008年已分别出台《北京市文化创意产业发展专项资金管理办法（试行）》和《上海市宣传文化专项资金管理暂行办法》，而深圳早在2005年就已印发《深圳市文化产业发展专项资金管理暂行办法》。相比较之下，广州出台文化产业发展扶持政策是相对滞后的，甚至未能跟上文化产业发展的速度以及时为文化产业发展提供制度引领与政策护航。

（三）文化产业政策后续落实不到位

根据对北京、上海等城市文化产业发展现有做法的观察，一项政策落地实施需要有相应的实施细则去匹配执行，才能将政策落实到位，取得相应的扶持效应。例如，北京市在2008年出台了《北京市文化创意产业发展专项资金管理办法（试行）》之后，又分别于2010年印发《北京市文化创意产业发展专项资金管理办法实施细则》、2016年制定《北京市文化创意产业发展专项资金项目奖励实施细则（试行）》等配套文件。笔者经过检索，暂未发现广州对外发布过与文化产业主政策配套的实施细则，这容易导致相关政策难以执行到位，从而使得文化产业扶持政策效果不够显著。以广州实体书店的发展为例，广州大学城有十所高校约20万大学生，但在大学城内仅有5家规模较小的书吧和书屋,实体书店的扶持政策中提及的完善实体书店布局的目标并没有在广州市得到较好的实现。

(四) 文化产业政策缺乏长远规划

"短视型、'作秀'型的发展政策,容易造成文化发展的不稳定。"[①] 广州大学广州发展研究院院长涂成林教授认为,根据海内外经验,文化产业政策制定要讲究长效性,主张文化发展战略要以 15 年为期。笔者通过梳理发现,广州市 2016 年至今颁布的 10 项文化产业政策中,有 6 项政策的有效期为五年,1 项政策的有效期为三年,其他三项政策未写明有效期。由此可见,广州市近年颁布的文化产业政策并非长远性政策。

三 广州进一步推进文化产业发展的政策建议

(一) 健全文化产业政策体系

广州文化产业进一步发展离不开政策的支持,笔者建议广州市需坚持政策引路,用好政策激励,完善政策保障,在贯彻落实好国家、广东省文化产业政策的同时,重点在财政、税收、金融、人才、知识产权、用地等方面完善自身产业政策,对文化产业给予有力支持。

广州市应通过调研文化产业创新发展成效显著的北京、上海、深圳、杭州等城市制定产业政策的思路,吸收和借鉴相关经验,尽快完善制定数字音乐、网络直播和文化交易等重点文化行业和领域发展配套的产业政策,研究制定广州市文化产业发展专项资金管理办法,文化产业发展指导目录,影视、非遗等其他相关产业融合发展政策等文

---

① 涂成林:《文化产业政策制定讲究长效性 建议以 15 年为期》,中国新闻网,http://www.chinanews.com/cul/2020/07-12/9236204.shtml。

件。将保护和促进文化产业发展的各项政策措施系统化、规范化、制度化,构建完整的产业政策体系,实现改善文化产业筹措资金途径、提供最优惠政策支持、强化广州作为国家文化产业中心城市集聚功能的战略目标。

(二) 研究制定文化产业发展长远规划

政策支持是文化产业持续创新发展的重要推动力,有关研究表明,政府若能制定有效的、长效的文化发展和文化产业政策,可以促进文化的稳定性发展和文化产业的高质量发展。[1] 当前,广州正值粤港澳大湾区建设发展契机,2019 年 2 月,国家发布《粤港澳大湾区发展规划纲要》,要求广州充分发挥国家中心城市和综合性门户城市引领作用,培育提升科技教育文化中心功能,着力建设国际大都市,便是成为粤港澳大湾区发展的核心引擎。《规划纲要》支持广州进一步巩固岭南文化中心地地位,全方位拓展和丰富广州作为岭南文化中心地的时代内涵,全面带动粤港澳大湾区发展。[2] 广州应把握此千载难逢的发展机遇,制定广州中长期的综合性城市文化发展战略、发展重点、目标任务和实施路径,完善广州文化产业发展的相关政策措施,从而为文化产业可持续发展提供有力的指引和支持。

当前,文化产业与其他业态融合发展,形成"文化 +"的跨界是文化产业发展的新形态和必然趋势。广州应立足自身文化产业发展的具体实际,走出传统的文化产业发展模式,探索产业融合发展的各种可能性,把创意、设计和服务等融入其他产业中,切实在产业融合发展中找准着眼点,制定相关的"文化 +"产业融合的配套政策,进而

---

[1] 涂成林:《文化产业政策制定讲究长效性 建议以 15 年为期》,中国新闻网,http://www.chinanews.com/cul/2020/07 - 12/9236204.shtml。
[2] 《中共中央 国务院印发〈粤港澳大湾区发展规划纲要〉》,中国政府网,http://www.gov.cn/xinwen/2019 - 02/18/content_5366593.htm。

通过政策指引,实现产业链朝高端化发展,以形成文化产业与传统及新兴产业相互融合发展、创新发展的多重效应。

(三) 完善文化产业政策实施机制

健全文化产业政策实施机制、优化政策实施环境是未来广州文化产业发展的重要工作。实施机制的健全是广州文化产业政策顺利施行、产业政策发展目标全面实现的保障。广州文化产业政策内容庞杂,涉及多个政府部门,在具体执行过程中需要这些部门协同行动,形成合力。因此,广州要落实好文化产业政策的各项要求,就要把文化产业政策执行机制的结构、作用和分工进一步明确,厘清各部门的权责和职能,建立健全权责明晰、各尽其责、协调联动、高效有序的政策实施机制。

优化文化产业政策宣传机制,拓宽政策信息反馈渠道。一项文化产业政策出台后,政策宣传工作与对政策文件的解读是这项政策执行到位必不可少的条件。为了提高政策的透明度及政策的支持度,广州市政府各部门以及各区政府应该健全信息的传播渠道,政府内部要定期发布政策信息,通过大众媒体宣传、介绍政策内容,以提高政策执行的时效。建立畅通的政策执行和反馈渠道,防止在执行过程中政策精神偏离,损害公众利益,坚持公开、公平、公正的原则,让公众真实感受到政策与其自身利益息息相关,从而支持政策执行,让政策落实到位。

建立文化产业数据库,动态监测产业政策实施成效。对于文化产业发展来讲,无论是制定政策还是实施政策,对政策实施成效进行动态监测是十分必要的。为进一步推进文化产业发展,广州市政府应依据文化产业发展规划设定的目标,动态监测文化产业相关行业发展的基础数据,定期发布文化产业发展报告。在此基础上,依据监测结论,及时调整文化产业政策,制定相应的配套措施。

我国高校文化产业人才培养研究综述

张 红[*]

摘 要：作为21世纪的朝阳产业，文化产业近二十年来在我国的发展势头之迅猛，有目共睹。但与其发展不相匹配的是文化产业领域专业人才的缺乏。文化产业人才是促进文化产业发展的决定性因素，其培养模式和培养路径已构成当前学界研究的重要命题。高校是文化产业人才培养的重要阵地，对高校的人才培养模式探索更是成为学界研究的重点。本文将学者对高校文化产业人才培养的基本模式、路径策略、产学研合作等方面的研究成果作简单概述。

关键词：高校；文化产业；人才培养

2000年10月，在党的十五届五中全会通过的《中共中央关于制定国民经济和社会发展第十个五年计划的建议》中，第一次在中央正式文件中使用了"文化产业"这一概念，提出了完善文化产业政策、加强文化市场建设和管理以及推动有关文化产业发展的任务和要求。这一概念的提出是建立社会主义市场经济体制对文化发展的必然要求。随着"文化产业"概念的提出，这个产业在中国开始爆发出蓬勃

---

[*] 张红：文学博士，广东开放大学文化传播与设计学院副教授。

的生命力：经过近二十年的发展，它已经成为中国经济新的增长点，成为我国与其他世界各国之间竞争的利器。

从该产业兴起之初，学界便开始了对它的理论研究。在诸多研究视角中，文化产业人才培养问题成为学者们新的重视点。自2002年至今，已有近千篇论文将视角投向此研究领域。文化产业人才的培养，有赖于高等教育、政府政策扶持以及企业培训和实践。其中高校作为人才培养的重要阵地，其培养模式、路径和培养成效，更是受到学者们的关注。

山东大学历史文化学院院长王育济教授，于2004年3月发表的《培养"文化产业管理"专业的合格人才》长文，全面阐述了山东大学培养文化产业管理人才的理念、设想和举措，也对中国文化产业人才培养的若干普遍性问题进行了深入分析。这是国内教育界最早探讨高校文化产业人才培养的论文。自此，学界对该研究领域逐渐重视，发表了不少学术论文和论著。特别是自2010年以来，高校文化产业人才培养研究更加全面、系统和精深。迄今为止，在此领域，共有期刊及会议论文160余篇、硕博论文19篇，取得了非常丰硕的研究成果。总的来说，高校文化产业人才培养研究主要集中在以下几个方面：高校文化产业的专业发展与学科建设研究、高校产学研合作的人才培养模式研究、区域性文化产业人才培养研究、高校人才培养总体策略路径研究。

（一）高校文化产业的专业发展与学科建设研究

对高校文化产业人才培养研究最为集中的，是在文化产业专业设置、发展与学科建设上面。而高校文化产业专业和学科的发展，又离不开明确的专业定位、科学的课程设置和雄厚的师资力量。此外，严把教材选用关、加大实践教学力度也是专业发展和学科建设的有利因素。因此，学界相关文章也主要从这几个方面研究高校文化产业的专业发展和学科建设。

因文化产业是一门新兴专业，故对其人才培养模式难免存在一些不足，如林喦分析了我国高校文化产业专业定位不明确、课程设置与教材建设精度不够、师资力量不足、教学水平参差不齐的教育现状，并提出我国高校文化产业专业发展的思路：一是专业定位、办学思路与模式要明确和创新，二是加强师资力量建设，三是注重实践，强化学生的能力训练[①]。闫玉刚则将研究点细化到文化产业管理专业的课程设置问题上，指出很多高校在课程设置方面存在诸多问题，要培养优秀的文化产业人才，必须大力培养跨学科师资力量，积极搭建教学交流平台，恰当处理各课程之间的关系，并创造宽松的教学环境。[②]

李培萌的《高校文化创意产业人才培养模式研究》（2011）是第一篇研究高校文化产业人才培养的硕士论文。论文从高校文化产业创意人才的培养现状、文化创意产业对人力资源的特殊需求、高校传统培养模式的基本理念与问题、新的培养模式及基本原则、构建高校文化创意产业人才培养模式的可行策略、完善学生实践和实习机制等方面全方位研究高校文化创意产业的人才培养。其他如鞠鹏的硕士论文《我国文化产业经营管理者的素质构建》（2011）、洪叶的硕士论文《文化产业管理本科专业学科定位研究》（2012）内容也有很多重复。

有关文化产业人才培养的社会需求、招生制度、课程设置、教学内容、教学方法、教材选用、师资聘用以及学科建设等方面的研究，笔者对搜集到的研究特做如下统计（见表1）。

---

① 林喦：《高校文化产业专业人才培养模式现状与选择》，《理论导刊》2008年第4期。
② 闫玉刚：《对文化产业人才培养与课程设置的几点思考》，《山东教育学院学报》2009年第5期。

表1　文化产业专业人才培养模式研究论文统计

序号	作者	题目	发表期刊及期次
1	孔　羽	对高校文化产业人才培养模式的几点思考	《中国电力教育》2008年第23期
2	陈亚民	高校文化产业人才培养模式初探	《经济研究导刊》2009年第3期
3	亢清泉 娄　雷	高校文化创意产业人才培养战略刍议	《中共青岛市委党校青岛行政学院学报》2010年第1期
4	宋丽丽	高校文化产业管理专业发展现状研究	《人力资源管理》2010年第3期
5	唐传成	高校文化创意产业人才培养模式研究	《学理论》2010年第20期
6	李朝晖	关于高校文化产业人才培养问题的几点思考	《咸宁学院学报》2010年第9期
7	魏鹏举	基于特色的文化产业学科建设之意义	《深圳大学学报》2010年第5期
8	熊姝闻	高校文化产业人才培养现状与对策	《四川省干部函授学院学报》2010年第3期
9	姚伟钧	高校文化产业人才培养现状与创新的思考	《福建论坛》2011年第2期
10	曾　添	高校文化产业专业定位难以及实践教学的几种模式探析	《科教文汇（上旬刊）》2011年第5期
11	刘庆华 王丽丽	浅议高校文化产业管理专业人才培养	《合作经济与科技》2011年第12期
12	王　纲	高校文化产业管理专业本科人才培养模式探索	《湖北经济学院学报》2011年第7期
13	周　亮	论文化产业发展下的高校应用型人才培养模式	《山西高等学校社会科学学报》2011年第7期
14	李　艳	对当前高校文化产业人才培养的若干思考	《2011京津冀区域协作论坛论文集》
15	刘筠梅	高校文化产业学科建设的现状与思考	《内蒙古大学艺术学院学报》2011年第3期
16	李晓溪	基于交叉学科的高校文化产业人才培养研究	《数位时尚（新视觉艺术）》2011年第6期

续表

序号	作者	题目	发表期刊及期次
17	李志雄	论高校文化产业管理人才培养模式的创新	《视听》2012年第2期
18	梁 君	高校文化产业管理学科教学存在的问题与对策	《中小企业管理与科技（上旬刊）》2012年第3期
19	彭 翊	提高高校文化自觉 推进文化产业发展	《北京教育（高教版）》2012年第4期
20	吴 漫	高校文化产业管理专业课程体系的构建	《华北水利水电学院学报（社科版）》2012年第4期
21	陈 秀	文化产业发展与高校艺术人才培养关系及途径	《神州》2013年第16期
22	周天沛	关于高校文化创意产业人才培养模式的研究	《科技信息》2012年第35期
23	魏 莉	创新型高校文化产业管理人才培养模式探讨	《商场现代化》2013年第2期
24	沈大伟	高校文化产业人才培养现状及问题分析	《绥化学院学报》2013年第2期
25	杨元芳 郑志荣	论高校文化产业人才培养机制的改革	《山西广播电视大学学报》2014年第2期
26	曾 芸	高校文化产业人才培养模式探讨	《大众文艺》2014年第16期
27	张瑞英	文化产业发展视野下高校文化创意人才培养策略	《绵阳师范学院学报》2014年第10期
28	李 梅	城镇化背景下高校文化产业应用型人才培养模式研究	《山东女子学院学报》2014年第6期
29	张全晓	创新高校文化产业管理专业本科人才培养模式探析	《新课程研究（中旬刊）》2015年第3期
30	周姗姗 张宝玲	高校文化创意产业人才培养模式的探索——以艺术设计专业为例	《科技风》2015年第5期
31	王 芳	应用型本科高校文化产业管理专业人才培养模式创新	《文化产业研究》2015年第2期
32	潘陆益 钟燕芬	高校文化创意产业人才培养思路探析	《江苏商论》2015年第8期

续表

序号	作者	题目	发表期刊及期次
33	王永飞	我国高校文化产业管理人才培养现状与思考	《经贸实践》2015年第15期
34	林星辰	高校文化产业管理专业人才培养模式改革浅探	《福建医科大学学报》（社会科学版）2015年第4期
35	邓智文	高校文化产业人才培养的现状与思考	《四川文理学院学报》2016年第1期
36	张昱婷	以产业需求为导向的高校文化创意人才培养模式研究	《现代交际》2017年第2期
37	吕尚枝	我国高校文化产业管理人才培养的现状与思考	《企业改革与管理》2017年第4期
38	张宝生 王晓敏	高校文化创意产业人才培养路径研究	《黑龙江教育（高教研究与评估）》2017年第5期
39	闫素霞等	高校文化产业人才培养模式现状及新模式探讨	《河北北方学院学报》（社会科学版）2017年第3期
40	叶 晖	高校文化创意产业人才培养存在的问题	《合作经济与科技》2017年第12期
41	刘龙龙 贾长安	地方高校文化产业管理专业人才培养模式探析	《现代农业》2017年第7期
42	郭 强	比较与启示：从英国创意阶层的崛起看我国高校文化产业人才培养模式	《黑龙江高教研究》2017年第7期
43	吕 超	高校文化产业管理专业人才培养机制探究	《中国成人教育》2017年第22期
44	程 曦	基于就业导向的高校文化创意产业人才培养研究	《湖南科技学院学报》2018年第4期
45	徐 莉 刘梅英	高校文化创意产业创新创业型人才培养生态系统的构建	《中国成人教育》2018年第11期
46	孙 静	地方高校文化产业管理专业人才培养模式的构建	《管理观察》2018年第36期
47	乔 宇	高校文化产业管理专业本科人才培养模式研究	《大众文艺》2019年第13期

从表1我们可以看到：文化产业专业人才培养的问题一直是热点问题，但复核相关研究我们也会发现，重复内容较多；成果的影响（发表刊物、被引率等）也较微弱；有些研究成果所发表刊物与发表内容存在较大差距，比如《大众文艺》。以上研究也提示我们，文化产业人才培养方案的制定，必须与国情、学校、地方特色等实际相联系，否则照搬照抄，必然培养不出有用的人才。

（二）高校产学研合作的人才培养模式研究

在研究高校文化产业人才培养模式的过程中，很多学者发现当代文化产业人才的知识储备与市场需求脱节，因此催生出对文化产业人才"高校+企业"双向驱动，"高校+企业+政府"三方联合，甚至"高校+企业+政府+社会"四面促进的人才培养模式研究，旨在"产学研结合"，增强高校学生的动手实践能力和市场洞察力。

陈长喜在《论高校文化产业的发展战略》[①]一文中首次提出了高校人才培养"产学研一体化"的观点。他认为，产学研一体化是发展高校文化产业的优势力量。传播知识、造就人才是大学促进科技与知识发展的最根本、最本质的价值表现形式。在产学研合作中，高校的作用首先就表现为通过加强与高新技术有关的教育，为高新技术产业的发展提供"人才库"。

李春霞、吴克禄的《立足高校资源优势 发展特色文化产业》[②]指出，高校的文化产业存在的主要问题是：产业管理体制不科学，人文社科类产学研互动机制不完善，对校办文化产业的发展重视不够，高校对自身在文化产业发展过程中的定位不准。针对以上问题，文章从国外文化产业发展的经验与启示中提出高校文化产业发展的对策：转

[①] 见《黑龙江高教研究》2007年第7期。
[②] 见《中国高校科技与产业化》2008年第12期。

变观念,抓住机遇,营造高校文化产业发展的环境条件;整合资源,发挥优势,发展特色高校文化产业群;借助现代技术,采取公司运作,实现高校文化产业集约化经营;内引外联,加强合力,推动高校文化产业的跨越性发展;立足学府,服务社会,加强人文社科产学研互动机制研究和高校文化产业人才培养。

其他如卜希霆、李伟《创意的聚合与辐射——高校文化创意产业孵化器研究》[1],梁冬梅的《高校文化创意产业人才培养方略初探》[2],王丽琦的《谈文化创意产业发展与高校文化创意人才培养》[3],何萍、马立军、王明成的《国内高校文化产业管理专业人才培养模式问题研究》[4],欧阳有权的《文化产业人才建设:问题与思路》[5],王志标的《文化产业人才培养中的反馈调节与过程学习》[6],易金华、张立的《论高校文化产业人才培养模式——以湖南省为例》[7]等文也都对产学研相结合,为文化产业人才培养探索新的路径。

硕士学位论文有童慧的《中英高校文化产业人才培养的比较研究》、沈佳璇的《我国文化产业管理专业本科人才培养问题研究》,基本上梳理了文化产业管理专业的历史沿革,厘清了本科教育阶段的人才培养现状,从政府、高校和社会三个层面分析当前教育的不足之处,进而提出了以满足市场需求为目标,加强政府政策引导和资金支持、优化人才培养方案、促进产学研联动的新型文化产业人才培养方式。

---

[1] 见《中国传媒大学学报(现代传播)》2009年第4期。
[2] 见《中国轻工教育》2010年第5期。
[3] 见《艺术教育》2010年第12期。
[4] 见《产业与科技论坛》2012年第5期。
[5] 见《福建论坛》(人文社会科学版)2012年第2期。
[6] 见《内蒙古师范大学学报》(教育科学版)2013年第9期。
[7] 见《改革与开放》2013年第23期。

（三）区域性文化产业人才培养研究

把研究范围界定为某个区域，针对该区域的现状和背景，有针对性地提出该区域文化产业人才培养方式，以期能够符合该区域的文化产业发展，也是促进文化产业人才培养模式的有效途径之一（见表2）。

表2　区域性文化产业人才培养研究

序号	作者	题目	发表期刊、期次
1	李　萍	论成都域内高校成都文化产业人才培养路径	《教育与教学研究》2009年第7期
2	孙红震	河南地方高校文化产业人才培养模式探析	《周口师范学院学报》2011年第3期
3	张利勇	参与西藏文化产业发展研究	西藏民族学院硕士学位论文，2012
4	麦茂生	广西高校文化产业人才培养研究	《中国人才》2012年第04X期
5	郭　蕊 张燕敏	无锡文化产业与高校文化产业专业人才培养拟合研究	《继续教育研究》2012年第8期
6	宋建伟	地方高校文化产业应用型人才培养探析——以邯郸学院为例	《邯郸学院学报》2012年第3期
7	骆如林	泉州地方高校培养本土文化创意人才的思考	《泉州师范学院学报》2012年第5期
8	李爱军 路　琳	论河南高校文化产业创新人才培养——以黄淮学院动漫人才培养为例	《天中学刊》2012年第5期
9	周媛媛 詹　旺 宋　丹	河北省高校文化创意产业人才培养对策初探	《科技视界》2012年第31期
10	吴珺楠	基于胜任力模型的浙江省高校文化创意人才培养研究	浙江工业大学硕士学位论文，2012
11	勾焕茹 张　静 李　晔	文化生态视域下河北高校文化产业人才培养的策略	《河北软件职业技术学院学报》2012年第4期

续表

序号	作者	题目	发表期刊、期次
12	赫鹏飞	高校文化产业人才培养现状与完善路径（河北）	《中国成人教育》2013年第22期
13	戎霞	北部湾经济区高校文化产业人才培养策略初探	《高教论坛》2013年第5期
14	易金华 张立	论高校文化产业人才培养模式——以湖南省为例	《改革与开放》2013年第23期
15	沐牧等	保定市高校文化创意产业人才培养机制研究	《产业与科技论坛》2015年第24期
16	鲍晓宁 乔玉 马运飞	河北省高校文化产业管理人才培养现状及对策	《知识经济》2016年第8期
17	薛磊 窦德强	甘肃省高校文化产业专业人才培养模式探索	《教育现代化》2016年第7期
18	郭新茹 王洪涛	创新融合视角下中国高校文化产业人才培养模式研究——以南京师范大学为例	《传播与版权》2016年第11期
19	张兢娓	高校文化创意产业人才培养模式研究与探索（上海）	《课程教育研究》2017年第7期
20	张传庆	西藏特色文化产业人才发展战略研究	《民族论坛》2017年第1期
21	李香会 李睿煊 李朝晖	辽宁民艺创新与高校文化创意产业人才培养模式研究	《大众文艺》2017年第4期
22	谢卓华	"文化+"时代下高校文化创意产业人才培养的路径思考——以广西财经学院为例	《教育观察（上半月）》2017年第9期
23	马用孝	我国高校文化创意产业人才培养研究——以武汉市高校为例	武汉理工大学硕士学位论文，2017
24	王雪梅	区域经济视角下的高校文化产业人才培养——以吉林省高校为例	《北华大学学报》（社会科学版）2018年第1期
25	黄秀莲	福建地方本科高校文化产业人才培养研究	《福建广播电视大学学报》2018年第3期

续表

序号	作者	题目	发表期刊、期次
26	袁涛	面向自贸区的福建高校文化产业人才培养路径	《当代教育实践与教学研究》2018年第12期
27	马传明	高校文化创意产业人才创新培养研究——以吉林省高校为例	《艺术科技》2019年第6期

由表2可以看出，文化产业这个专业已在全国很多区域的高校开设，并进行了多年的探索，文化产业发展最为发达的一线城市（北京、上海、广州、深圳）却少有人研究，其中仅见一篇研究上海的。这提示我们，区域性文化产业人才培养的研究还需要下很大功夫，以呈现区域之间的特性，尤其是一线城市的引领作用。

（四）高校人才培养总体策略路径研究

学界对我国文化产业人才需求类型、培养困境也进行了分析，从宏观层面探讨了文化产业人才培养的模式以及策略。

欧阳有旺等学者在《文化产业高层次人才需求及其培养模式构建》[①]中提出培养国际型、复合型、实用型、创新型的高层次人才培养目标，并从拓宽人才培养渠道，加大人才培养力度等方面给出了具体的高层次文化产业人才培养模式构建要素。韩千里的《高等职业院校统计教学研究》[②]指出，我国高校缺乏对高层次领军人才的培养、缺乏对掌握现代传媒技术专业人才的培养、缺乏对懂经营管理的文化企业家的培养、缺乏对文化创意产业人才的培养、缺乏对复合型人才的培养，因此要创新教育理念，改革教育制度。马凤芹、王凌霞的《高校文化产业人才培养策略探讨》[③]分别从实用型、层次性和整体性

---

① 见《生产力研究》2006年第11期。
② 见《成功（教育）》2013年第11期。
③ 见《教育探索》2013年第6期。

三个方面阐述了高校文化产业人才的培养策略。他们认为，文化产业人才的培养要以文化市场人才需求为立足点，培养高校人才经营管理的商业头脑、专博相济的复合型知识结构和开拓进取的创新精神，并应分别针对管理型人才、经营型人才和创意型人才进行层次性培养，最后通过整合教育内容、师资力量和教育模式等高校教育资源，构建文化产业人才培养网络。张昱婷的《论高校文化产业人才培养思路与对策》[1]从创新教育教学体系、"内外兼修"师资力量、全力打造动态平台、建立长效反馈机制等方面，提出了培养特色产业人才、实现教育资源共享、建立动态培养机制等文化产业人才培养思路和对策。张文艳的硕士论文《我国高校文化创意产业人才培养研究》分析了我国文化创意产业人才情况，并通过文化创意产业人才培养模式、人才培养环境、人才培养评价体系等方面的国内外比较研究，提出了创新人才培养模式、优化人才培养环境、提高人才培养评价体系"三位一体"的高校文化创意产业人才培养对策。李晓溪的博士论文《高校文化创意产业人才培养研究》提出承担人才培养重任的高校应以艺术学科为原点、以市场需求为导向、以通识教育为基础、以交叉学科为特色，引领人才培养理念，构建人才培养机制，以产学研协同创新完善人才培养链，不拘泥于传统艺术教育，与时俱进，培养"道"（人文内涵）、"艺"（艺术修养）、"技"（艺术技能）并重的文化创意产业人才。周松的《中国高校文化产业人才培养路径研究》[2]从加强通识教育、构建以文化艺术专业为核心的多学科交叉人才培养机制、校企合作三个方面探索中国高校文化产业人才培养的路径。王伟杰、黄仕金的《我国民办高校文化产业人才培养路径研究》[3]指出，人才的缺

---

[1] 见《教育与职业》2013年第36期。
[2] 见《科技资讯》2016年第34期。
[3] 见《人文学术·思辨与实证贵州民族大学人文科技学院专题资料汇编》，2016。

乏已成为阻碍我国文化产业快速发展的重要因素。究其原因,一方面是公办高校在文化产业人才培养方面存在较多问题和不足;另一方面是没有充分重视民办高校在文化产业人才培养方面的巨大作用。为此,民办高校应建立机动灵活的文化产业人才培养培训机制,为我国中西部地区文化大发展大繁荣提供能力型和创新型的文化产业人才支持。陈慧英、陶丽萍、彭桂芳的《高校文化产业管理"二元空间驱动"复合型人才培养模式构建》[1] 提出"二元空间驱动"复合型人才培养模式。通过对"二元空间驱动"复合型人才培养模式的二元关系结构分析,探索学生、教师、学校、企业及社会分别在文化产业管理人才培养方面的定位和责任问题。

综上所述,自 2004 年以来,研究高校文化产业人才培养的论文近 180 篇(包括 19 篇硕博论文),在文化产业专业和学科建设研究、产学研一体化研究、区域性高校文化产业人才培养模式研究方面,成果颇丰。

从我们对高校文化产业人才培养研究历史的回顾可以看出,学者们大多将眼光集中在文化产业专业和学科研究上面,特别是聚焦在文化产业专业定位、课程设置、师资力量与教材改革方面。这说明,专业和学科发展是高校文化产业人才培养的内驱动力,是人才培养之本。因此,找准专业定位、优化课程设置、强化师资力量、推进教材改革是发展文化产业、培养文化产业人才的重中之重。此外,产学研一体化(或者说政企校合作)培养研究还有较大的拓展空间。这是高校文化产业人才培养的外驱动力。政企校合作培养,应以高校培养为主阵地,以政府、企业实践为第二阵地,联动合作政企校三方资源,优化国内文化产业人才培养模式,走出一条理论与实践并行的综合化培养路子。

---

[1] 见《武汉轻工大学学报》2019 年第 3 期。

广州建设"博物馆之城"的机遇与挑战*

李 俊**

摘 要: 2019年10月,广州印发《广州市推动城市文化综合实力出新出彩行动方案》,提出实施"博物馆倍增提质"计划,建设"博物馆之城"。广州在文物藏品数量、博物馆数量方面有独特优势,但与同类城市相比,其建设措施滞后、区域分布极不平衡、行业博物馆和非国有博物馆占比较低、文博产业及相关文创产品开发不够等问题突出。因此,建议广州制定行业博物馆与非国有博物馆倍增计划及扶持政策,利用文博人才优势与文化产品制造业优势,强化博物馆与文化产业的跨界融合,切实推动广州"博物馆之城"的建设。

关键词: 广州;博物馆之城;文博产业;跨界融合

博物馆是承载民族文化记忆最重要的载体,既是展示城市文化的重要窗口,又是公众的第二课堂,是人们了解城市历史、学习知识和

---

* 本文系广州市社区教育服务指导中心2018年社区教育重点项目"社区教育与岭南文化传承"(项目编号:2018SQJY004)的阶段性成果。
** 李俊,文学博士,广州城市职业学院国学院讲师。

休闲的重要场所。习近平总书记指出："要系统梳理传统文化资源，让收藏在禁宫里的文物、陈列在广阔大地上的遗产、书写在古籍里的文字都活起来。"①为满足日益增长的群众公共文化服务需求，进入21世纪，西安、南京、武汉、昆明等城市相继提出建设"博物馆之城"，广州也曾在2011年将建设"博物馆之城"写入世界文化名城的培育规划，但行动一直寥寥。在新的《广州市博物馆发展规划（2021－2035）》即将启动编制之际，突破传统的博物馆建设思维，在有限的藏品空间里提升城市博物馆的数量与质量，是规划制定者必须把握的重要课题。

一 广州建设"博物馆之城"的意义

博物馆的数量与质量，是衡量一座城市文化品位的重要标准之一，也是一座城市核心竞争力的重要组成部分。2011年，中共广州市委、广州市人民政府印发了《广州建设文化强市培育世界文化名城规划纲要（2011－2020年）》（穗字〔2011〕5号），将辛亥革命纪念馆、南越王宫博物馆等建设作为"打造城市文化地标"的重要内容，且明确提出"推进建设'图书馆之城'和'博物馆之城'"。2016年，广州市政协提交《关于建设广州"博物馆之城"的建议》提案，获市领导重点督办。2017年，广州市颁布《广州市博物馆规定》，对博物馆发展尤其是非国有博物馆的发展制定了规范性文件。2018年，广州市出台《广州市博物馆扶持资金管理办法》，细化了非国有博物馆和其他国有博物馆的经费扶持措施。2019年，"推进'博物馆之

---

① 习近平：《建设社会主义文化强国 着力提高国家文化软实力》，中共中央政治局第十二次集体学习时的讲话，新华网，2013年12月31日，http://www.xinhuanet.com//politics/2013－12/31/c_118788013.htm。

城'建设",首次被写入了市政府工作报告,并开始启动《广州市博物馆发展规划(2021-2035)》的编制工作。事实上,作为"加快建设文化强市"及"提升广州城市文化综合实力"的重要内容之一,无论是《粤港澳大湾区发展规划纲要》对广州的文化中心发展定位,还是"四个出新出彩"行动方案里广州对自己的内在发展需求,这些政策文件均体现出城市建设规划设计者已充分认识到,一定数量且各具特色的博物馆对于一座城市的重要意义与价值,它既是打造城市文化品牌、提升城市综合竞争力与人文吸引力的需要,也是广州在粤港澳大湾区建设中把准城市定位、筑牢岭南文化中心的基础。

二 广州博物馆资源现状

作为国家首批历史文化名城,广州的文化遗产资源丰富,博物馆建设起步较早。根据广州市文物局公布的数据,截至2019年10月,广州地面上在省文物局备案的博物馆共61座,其中省属2座、市属16座、区属15座、行业16座、非国有12座,基本形成了以国有文化部门所属博物馆为主体、行业和非国有博物馆为重要补充的结构体系。其中,国家一级博物馆4座、二级博物馆9座、三级博物馆3座,三级以上博物馆总数位居全国前列(广州市博物馆种类情况见图1)。

由于历史资源沉淀的原因,广州各区的博物馆分布极不均衡。博物馆扎堆于越秀区,总数达20座,以2018年末的常住人口计算,越秀区每6万人就拥有一座博物馆,与西安基本持平。而增城120余万常住人口,仅有1座博物馆,尤其是南沙区,迄今没有一座备案的博物馆。

表1 广州各区博物馆分布情况①

序号	区名	博物馆名称	种类	常住人口数（截至2018年末，万人）	每多少万人拥有1座博物馆
1	越秀区	西汉南越王博物馆、广州博物馆、"三二九起义"指挥部旧址纪念馆、广东革命历史博物馆、广州起义纪念馆、中华全国总工会旧址纪念馆、越南青年政治训练班旧址、毛泽东同志主办农民运动讲习所旧址纪念馆、中共三大会址纪念馆、广州艺术博物院、南越王宫博物馆、广州市越秀区博物馆、广州鲁迅纪念馆、中共两广区委旧址纪念馆、广东华侨博物馆、中山大学医学博物馆、陈树人纪念馆、高剑父纪念馆、广州市普公古陶瓷博物馆、广州市东平典当博物馆	总数20座，其中二级馆2座，三级馆1座，行业馆4座，非国有2座	117.89	约6万
2	海珠区	孙中山大元帅府纪念馆、中山大学生物博物馆、海珠博物馆、廖仲恺何香凝纪念馆、陈李济中药博物馆、珠江－英博国际啤酒博物馆、粤海第一关纪念馆、十香园纪念馆	总数9座，其中二级馆2座，三级馆1座，行业馆5座	169.36	约19万
3	荔湾区	广东民间工艺博物馆、粤海关博物馆、广东外事博物馆、荔湾区博物馆、詹天佑故居纪念馆、粤剧艺术博物馆、广州十三行博物馆	总数7座，其中一级馆1座，行业馆4座	97.00	约14万
4	天河区	广东省博物馆、广州货币金融博物馆、广州市天河区博物馆、广州恒福茶文化博物馆（广州亚运会亚残运会博物馆）、广州市天河区正佳自然科学博物馆	总数6座，其中一级馆1座，行业馆3座，非国有2座	174.66	约29万

① 资料来源：广州市文物局网站，2019年10月29日，广州市博物馆名录，http://www.xwgd.gov.cn/xwzgd/sjkf/201811/3b33cbf12184d08f71303769904c3.shtml。

续表

序号	区名	博物馆名称	种类	常住人口数（截至2018年年末，万人）	每多少万人拥有1座博物馆
5	白云区	三元里人民抗英斗争纪念馆、广州市白云区民俗文化博物馆、广州神农草堂中医药博物馆、广州迪士普音响博物馆	总数4座，其中非国有2座	271.43	约68万
6	黄埔区	黄埔军校旧址纪念馆、辛亥革命纪念馆、黄埔区博物馆、广东亚美容化妆品博物馆、广东省凉茶博物馆、广州好普艺术博物馆	总数6座，其中二级馆1座，行业馆3座	111.41	约19万
7	花都区	广州市花都区洪秀全纪念馆（广州市花都区博物馆）、广州民俗博物馆	总数2座，其中三级馆1座	109.26	约55万
8	番禺区	番禺博物馆、广东中医药博物馆、广州市番禺区明珠古陶瓷标本博物馆、广州东方博物馆	总数4座，其中二级馆2座，行业馆1座，非国有2座	177.70	约44万
9	南沙区	无	0	75.17	0
10	从化区	广州市从化区博物馆、侨鑫博物馆	总数2座，其中国有1座	64.71	约32万
11	增城区	广州市增城区博物馆	总数1座	121.85	约120万

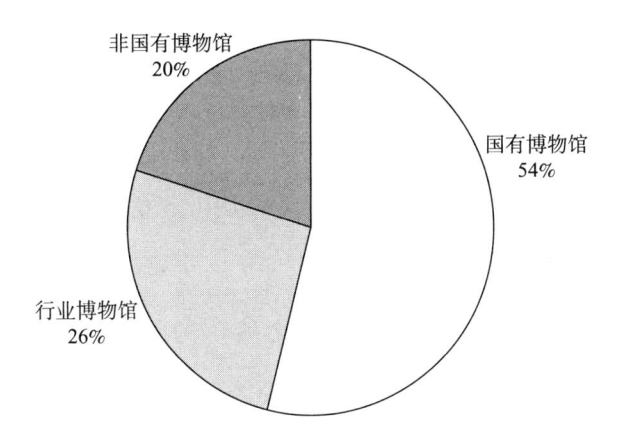

图 1 广州市博物馆种类情况

三 存在差距

根据国务院发布的《粤港澳大湾区发展规划纲要》，广州是大湾区的岭南文化中心和对外文化交流门户。作为岭南文化重要载体的博物馆建设，广州一直在努力，2018～2019 年即新增了 2 座国有博物馆。尽管如此，与同类城市尤其是国家重要中心城市相比，广州在每万人拥有的博物馆数量、行业博物馆与非国有博物馆建设及政策支持等方面，仍存在很大差距。

（一）博物馆总量位居全国前列，但每万人拥有的博物馆数与"国家重要中心城市"定位还不匹配

以国际通用的每万人拥有的博物馆数量指标来衡量，广州距离国内外同类城市还存在一定差距。2018 年广州市常住人口 1400 多万，文物局备案的博物馆共 61 座，约为每 23 万人拥有一座博物馆。其中天河、白云、花都、番禺、南沙、从化、增城 7 区均未达到市平均拥有数。虽然每 23 万人拥有一座博物馆的数量高于全国每 40 万人拥有一座博物馆的平均水平，但明显低于同类城市：北京为每 14 万人拥有

一座博物馆，上海每 20 万人拥有一座博物馆，武汉每 15 万人拥有一座博物馆，成都每 10 万人拥有一座博物馆，西安每 6 万人拥有一座博物馆，发达国家中的美国则基本是每 1 万人拥有一座博物馆。

（二）"博物馆之城"建设口号提出较早，配套政策出台迟缓，支持力度有限

尽管 2011 年就将建设"博物馆之城"的动议写入文化强市的规划纲要里，但广州在配套政策方面，却举措较少且出台迟缓。相比而言，西安、武汉、洛阳、杭州、南京、昆明、成都等城市早就迈出了博物馆之城建设的实质性步伐。以西安为例，2010 年即已出台《关于大力发展博物馆事业的实施意见》，现已建设博物馆超过了 100 家。即便是省内兄弟城市，政策出台动作也远远早于广州。如东莞，2005 年就已颁布了《东莞市建设博物馆之城实施方案》，到 2014 年，该市基本建成了国有博物馆和民办博物馆互为补充、各行业和各种所有制博物馆全面发展的博物馆体系。全市建成博物馆 31 个，其中市属 8 个，镇（街）博物馆 9 个，民办博物馆 14 个。佛山市也不遑多让，2018 年密集出台文件，发力建设"博物馆之城"，出台《佛山市人民政府关于推进"博物馆之城"建设的实施意见》《佛山市博物馆之城建设专项资金管理办法》等政策，支持社会各界力量加入建设"博物馆之城"的行列。深圳甚至出台了 2018~2023 年的博物馆建设专项五年规划，从新建一批新馆、优化重组和转型升级老馆、打造标杆式行业博物馆与非国有博物馆、建设公园特色博物馆四个方面确定了建设具体任务。与这些相关城市相比，广州的"博物馆之城"建设呼声较早，但行动较缓。如何盘活广州市内现有博物馆资源、利用政府资源鼓励社会各界参与博物馆建设、挖掘博物馆藏品文化内涵、扩大岭南文化影响与传播力，已成为打造广州这一大湾区文化中心的基础工作内容。

(三）博物馆分布极不均衡，行业博物馆和非国有博物馆发展薄弱

由于历史文化沉淀的原因，广州市地面上的省属、市属博物馆普遍扎堆老城区，发展不均衡、布局不合理现象突出。郊区和新城区场馆数量少且质量偏弱，南沙区至今没有一家登记备案的博物馆，发展布局不合理现象较为突出。与广州"千年商都"及产业链完整的商贸文化颇不相称的是，广州的行业博物馆和非国有博物馆发展薄弱，远远不能反映广州经济社会的发展成就与历史变迁。广州现有行业博物馆16座，主要涵盖生物、中医药、啤酒、华侨、十三行、货币金融、体育文化及本土历史名人等领域，远未覆盖岭南历史文化生活的方方面面，还有很多行业值得挖掘。而非国有博物馆则发展更为滞后，现有12座，数量及分布密度尚不及深圳、东莞与佛山。

（四）博物馆文化实力挖掘有限，对本区域文化创意产业的涵养不够

博物馆的文化实力挖掘不够，在提升城市文化名片与吸引力、助推文化产业发展方面的作用远未充分发挥。从2019年12月公布的市属博物馆文化活动表来看，博物馆目前的文化活动仍以常规展览为主，辅以青少年体验课（或研学旅行与DIY体验）和市民公益文化讲座。2019年12月，共有4家市属博物馆新办临时展览7项，延续11月新增展览3项，举办文化活动16项。而博物馆资源最为丰富的越秀区，其辖区内集中了全市55%的国家文保单位、28%的省级文保单位，数量与密度均为全省第一，但其文化产业仍以北京路的商贸文化产业为主，远未形成博物馆藏品资源与文化创意产业及文化产品制造业之间的良性互动。这表明目前博物馆行业对自身的发展定位认识不

够，没有足够动力主动挖掘博物馆的文化吸引力与主动服务能力，不能满足市民及文化企业多层次、多元化的需求。

四 发展机遇

2019年10月，中共广东省委全面深化改革委员会印发了广州市推动"四个出新出彩"行动方案，其中《广州市推动城市文化综合实力出新出彩行动方案》再次在"推动湾区公共文化服务共建共享"任务里，提出要建设"图书馆之城"和"博物馆之城"。同时，广州市也将《广州市博物馆发展规划（2021-2035）》编制工作列入了议事日程。要真正建成"空间布局合理、岭南文化特色鲜明、主题类别精准定位"的博物馆体系，在难得的政策机遇面前，广州的"博物馆之城"建设还可从以下几个方面着力。

（一）制定有力的专项政策，支持新建非国有博物馆

作为高度依赖文物藏品的博物馆行业来说，国有文物藏品资源的有限性决定了新建国有博物馆的难度，不可能出现短时间内国有博物馆数量上的成倍增长。为鼓励企业、社会团体及收藏家设立民办博物馆，国家文物局在2014年出台了《关于民办博物馆设立的指导意见》，为支持非国有博物馆的设立做出了指引。2016年国务院发布《关于进一步加强文物工作的指导意见》，也明确提出"鼓励民间合法收藏文物，支持非国有博物馆发展"。因此，在广州市"四个出新出彩"行动计划里，要实现博物馆的数量倍增计划，最具可行性的就是推动非国有博物馆和行业博物馆的新建落地。四川的经验可以作为一个佐证：2008~2018年的10年间，四川全省博物馆数量从122座增加到263座，增长最快的就是民营博物馆。比如成都登记备案的150座博物馆中，有102座是民营博物馆，占比达到68%，居全国之首。2018

年，四川省又制定了《四川省博物馆标准化建设管理办法》，进一步为非国有博物馆的规范化、专业化建设指明了方向。

目前广州的非国有博物馆12座，占比不到20%。与之相较，深圳、东莞、佛山等地的新建博物馆增长数量，则绝大部分由非国有（民营）博物馆贡献：深圳现有48座博物馆中，有33座是非国有博物馆，占比约为68.7%。东莞53座博物馆中，非国有博物馆36座，占比约为67.9%。秉持"泛博物馆"概念的佛山，其民办博物馆、美术馆共132家，占比亦达63.8%。因此，广州在鼓励非国有博物馆新建方面，还有很大的发展空间。而非国有博物馆发展的保障就是相关政策支持。广州可以借鉴四川的"博物馆标准化建设"政策指引，让国有博物馆为非国有博物馆在人才培养、场馆建设、藏品保护与利用等方面提供专业支持。落实非国有博物馆与国有博物馆享有同等法律地位，在土地、税收及财政资金补助等方面，给予非国有博物馆以扶持。虽然广州在2018年发布了《广州市博物馆扶持资金管理办法》，但其支持力度较弱且门槛较高：扶持资金以博物馆运行评估结果和年度工作考核结果作为分配的依据。从2019年公布的扶持资金分配方案来看，拿到上一年度运营补助经费的博物馆共14家，仅占博物馆总数的23%。共分配补助经费152万元，远低于东莞2005年起就设立的每年500万元专项资金总额，也低于佛山的博物馆新建、改建、运营、活动的补助标准。

（二）调动行业及教育科研机构的博物馆建设热忱，大力发展行业博物馆

广州目前的行业博物馆共16座，主要涵盖生物、中医药、啤酒、华侨、十三行、货币金融、体育文化及本土历史名人等行业领域，但还远远不能反映广州经济社会的发展成就与历史变迁。事实上，作为在近现代及改革开放后发挥重要历史作用的城市，广州有着非常完善的现代化工业体系，在通用设备制造业、生物医药行业、计算机、通信和其他电子设备制造业、电气机械和器材制造业等产业领域具有全国领先优势，并将持续在新一代信息技术、汽车、高端装备、生物医药、新材料及新能源、生产性服务业等行业发挥集群优势，这些行业产业的领先优势，是广州发展行业博物馆独有的资源与基础。广州应该借鉴上海、深圳等地发展行业博物馆的经验与措施，破除"博物馆建设是文化部门的事"这种传统观念，依托广州优势产业、龙头企业，鼓励相关部门与企事业单位、社会团体等，兴建一批记录广州产业发展的行业博物馆。

此外，广州聚集着80余所本科院校，30余所职业院校及技工技师学院，这些高等院校有着自己独特的专业优势和设立高校博物馆的基础条件。以中山大学为例，其中生物博物馆、医学博物馆、人类学博物馆均为享誉业界的行业博物馆，尤其是生物博物馆已成为国家二级博物馆，既承载高校自身的教育科研任务，还为所在城市提供了大量的科普服务。再如广东金融学院的广州货币金融博物馆，也是发挥行业优势的重要体现。随着新一轮"双一流"高校及"双高"高职院校建设的推进，鼓励高等院校设立行业博物馆，是强化高校行业优势、弘扬行业文化的重要举措。

（三）用好广州文化资源集聚优势，打造南方文博产业高地

广东现有国家一级博物馆6座，而地处广州的就有4座。这些一级博物馆聚集着文博领域最顶尖的人才，是打造南方文博产业高地最核心的专业人才基础。广州应该整合好文博人才资源，借助广东省"三馆合一"等重大文化基础设施建成投入使用后带来的人才聚集效应，在博物馆投资建设与管理运营、藏品鉴定整理与研究、展览设计布置、文博从业人员培训等专业技术领域，为市场培养文博产业与文博教育的专业人才。

与广州文博资源高地颇不相称的是，广州的文博产业增加值及博物馆文化创意产品开发潜力尚未得到挖掘。比如越秀坐拥全市一半以上的文物保护单位，但其文博相关产业增加值远未能进入该区支柱产业行列。因此，深入挖掘文物资源的价值内涵和文化元素，延伸文博衍生产品链条，调动博物馆利用馆藏资源开发创意产品的积极性，拓展文博产业空间，以文博单位和文化创意设计企业为主体，开发原创文化产品，打造文化创意品牌，是广州未来文博产业大有可为之处。广州应按照国务院和省文化厅相关文件精神，理顺国有博物馆在开发文创产品中存在的机制问题，鼓励试点，赋予博物馆开发文创产品的经营权。依托广州制造业产业链完整和产品销售流通渠道畅通的优势，将博物馆文创产品设计开发融入全市文化产业发展格局，进一步推进文物资源开放共享，实施博物馆知识产权授权，提高文化创意产品开发水平，探索博物馆与动漫、设计、影视等行业的合作。在旧城微改造、历史文化街区、传统村落的活化利用中，结合历史、民俗、非遗等资源，打造若干个微型博物馆或博物馆集群。

五　结语

作为大湾区世界级城市群中的省会城市，广州在文物的出土数量、博物馆建设、文化遗产保护与传承、文化产品制造与销售等方面，均有着得天独厚的优势。在即将开启下一个五年计划之时，如何发挥优势，补好短板，挖掘潜力，撬动各方，是广州的"博物馆之城"建设决策者应当准确把握的课题，继续用好国有馆的文博人才优势。重点挖掘非国有博物馆和行业博物馆的建设潜力，是广州实施"四个出新出彩"行动方案最可行的抓手，期待即将制定的《广州市博物馆发展规划（2021－2035）》能够从"倍增提质"的角度，解决目前博物馆区域分布不均衡、行业博物馆和非国有博物馆占比较低、文博产业及文化创意产品开发不够等问题，到 2035 年，能真正建成"空间布局合理、岭南文化特色鲜明、主题类别精准定位"的博物馆体系，打造南方文博产业高地。

·文化媒介研究·

微信媒介的文化治理
——基于版权、谣言与色情问题的考察[*]

王　焱　林梓萍[**]

摘　要：微信媒介已成为当下文化生产与消费的重要阵地，而其存在的著作权侵权、谣言散播、色情传播等问题，对国家的文化生态构成了威胁。为此，国家更新了与版权相关的法律法规，启动了"剑网"行动；推动了谣言入罪入法，开展了网络谣言专项整治；加强了内容监测预警，深化了网络生态治理。微信管理平台则升级了原创保护功能，设立了洗稿投诉合议小组；开发了智能辟谣工具，筹建了谣言数据库；下线"漂流瓶"功能，升级了微信鉴黄系统。在此基础上，可完善版权立法，建立版权资产管理组织；建设科普平台和全民谣言监督体系；引导受众升华性本能，优化色情监测功能。

关键词：微信；文化治理；著作权；谣言；色情

---

[*] 本文系国家社科基金重大专项项目"新时代中国特色文艺理论基本问题研究"（18VXK007）的阶段性成果。
[**] 王焱，博士，广东外语外贸大学中国语言文化学院教授；林梓萍，广东外语外贸大学中国语言文化学院文化传播与媒介专业硕士研究生。

腾讯2019年第三季度财报显示，微信及WeChat的合并月活跃账户数达11.51亿。微信凭借着逾11亿用户，业已成为文化生产与文化消费的重要阵地。微信媒介通过体量庞大的用户群，全方位参与到社会主义的文化建设当中，而其存在的著作权侵权、谣言散播、色情传播等问题，对微信的文化生态构成了威胁。为此，国家高度重视微信媒介的文化治理，注重引导文化舆论，清理文化污染，制定文化契约，执行文化政策，构建文化秩序，以维护新媒介形势下文化生态的健康、可持续发展。

文化治理不同于文化管理。文化管理"是国家通过建立一系列规章制度对人、社会和国家文化行为的规范化，对象是文化行为及其整个生态系统，主体是政府"；而文化治理"是国家通过采取一系列政策措施和制度安排，利用和借助文化的功能用以克服与解决国家发展中问题的工具化，对象是政治、经济、社会和文化，主体是政府+社会，政府发挥主导作用，社会参与共治"。[①] 与文化管理相比，文化治理的规训弹性更大，更强调社会共治的能动性。因此，微信媒介的文化治理，需要政府、微信管理平台与用户之间的多向度合作、协商与认同。

目前，有关微信媒介文化治理的系统研究还比较缺乏。为弥补已有研究的不足，本文将从版权、谣言、色情三个方面，对微信媒介的文化治理展开论述，一方面总结国家层面与微信管理平台层面已有的治理措施，另一方面针对难以解决的症结，结合用户需求，提出相关治理建议，以期为未来的微信媒介文化治理方案提供参考。

---

① 胡惠林：《文化产业发展的中国道路——理论·政策·战略》，社会科学文献出版社，2018，第75页。

一　版权治理

（一）微信媒介的版权问题

"知识产权是指人们对于自己的智力活动创造的成果和经营管理活动中的标记、信誉所依法享有的专有权利"[①]，在微信上，版权保护对象为用户在朋友圈或公众号发表的文字、图片、视频、音频等原创内容。作为一个可发声、展示、观看、互动的平台，微信激发了用户的文化创造活力。然而，传统消费习惯的驱使、法律知识的普及与法律精神内化的欠缺等问题，影响了知识产权文化建设的进程，近年来，微信媒介的版权侵权事件频发，制约了微信的发展，主要表现在以下方面。

1. "洗稿"频现

2019年4月，QuestMobile数据显示，微信公众号数量已超过2000万个，微信的内容生态已十分庞大。[②] 微信公众号的开放性与互动性使知识更新和传播不断滚动、迅猛发展，但也呈现同质化和低水平生产过剩的弊端。为掩盖自身原创能力不足的缺陷，避免被贴上"抄袭"的标签，运营商不惜"洗稿"，通过调整语序、更换词语等"换汤不换药"的手段，变相抄袭他人原创作品，吸引用户关注，最终实现流量变现。在法律上，"洗稿"的界定难度大，自媒体安全地游走在"洗稿"的灰色地带，侵蚀微信生态。

2. 维权难度大

"举证难、成本高、处理慢"，是威胁微信平台版权维护的三大

[①] 吴汉东主编《知识产权法（第四版）》，北京大学出版社，2014，第2页。
[②] QuestMobile研究院：《QuestMobile微信公号人群洞察报告》，QuestMobile网，https://www.questmobile.com.cn/research/report-new/18。

问题。微信是电子媒介的一员,内容生产与传播具有即时性和复制性,侵权证据易丢失、难溯源。碎片化时代下,微信推送篇幅小、字数少,"按字计钱"的赔偿方法导致了低价赔偿的必然性,低额的赔偿数额无法弥补维权中所需的高额费用。《知识产权侵权司法大数据专题报告》显示,2015~2016年全国知识产权侵权案件平均审理周期为105天[1],维权案件处理速度慢。当前,机械复制技术应用广泛,国内知识产权产业链发展不完善,导致用户和运营者版权意识薄弱。

(二)治理措施

1. 更新版权法律法规,开展"剑网"行动

1990年7月,第七届全国人民代表大会常务委员会第十五次会议通过了《中华人民共和国著作权法》(以下简称《著作权法》),并分别在2001年10月和2010年2月进行了两次修正。修订后的《著作权法》规定,经过改编、整理已有作品的新作品享有著作权,但行使权利时要尊重原作品的著作权。为解释《著作权法》的具体事项与规定,国务院于2002年通过了《中华人民共和国著作权法实施条例》,并于2011年1月和2013年1月进行了两次修订,细化了对侵权行为的赔偿管理。2017年,全国人大常委会组成执法检查组,通过前期调研、实地考察及听取国家互联网信息办公室工作汇报等举措,对《中华人民共和国著作权法》的实施情况进行了系统全面的检查[2]。

为规范出版行业的发展,国务院第50次常务会议于2001年12月

---

[1] 唐绪军:《新媒体蓝皮书:中国新媒体发展报告 No.9(2018)》,社会科学文献出版社,2018,第250页。

[2] 王晨:《全国人民代表大会常务委员会执法检查组关于检查〈中华人民共和国著作权法〉实施情况的报告——2017年8月28日在第十二届全国人民代表大会常务委员会第二十九次会议上》,《中国人大》2017年第17期,第15~19页。

通过了《出版管理条例》。18年以来，为适应行业发展变迁的需要，国务院分别于2011年3月、2013年7月、2014年7月及2016年2月进行了四次修订，现行《出版管理条例》第四十条明令禁止侵犯他人著作权的行为。2014年8月，国务院发布了《国务院关于授权国家互联网信息办公室负责互联网信息内容管理工作的通知》，将全国的互联网信息内容管理工作与监督管理工作授权给国家互联网信息办公室负责。2016年2月，国家新闻出版广电总局、工业和信息化部联合发布了《网络出版服务管理规定》，将"网络出版服务"定义为"通过信息网络向公众提供网络出版物"，"网络出版物"即为"通过信息网络向公众提供的，具有编辑、制作、加工等出版特征的数字化作品"。2017年6月，国家新闻出版广电总局发布了《网络文学出版服务单位社会效益评估试行办法》，肯定了网络文学在数字出版产业的重要地位，并提出要"扭转内容雷同、抄袭模仿、千篇一律等同质化倾向"，实现内容创新。

随着网络信息传播的迅猛发展，国务院在2006年5月召开了第135次常务会议，通过了《信息网络传播权保护条例》。2013年1月，国务院第231次常务会议通过了《国务院关于修改〈信息网络传播权保护条例〉的决定》，此次修订细化了侵权罚款的条文。《信息网络传播权保护条例》规定，公民的信息网络传播权在《著作权法》的保护范围内，除法律、行政法规另有规定之外的其他组织与个人都不得擅用权利人的信息网络传播权。2016年6月，国家互联网信息办公室发布了《移动互联网应用程序信息服务管理规定》，指出移动互联网应用程序提供者应该尊重和保护知识产权。2019年6月，文化和旅游部部长雒树刚在向全国人民代表大会常务委员会报告我国文化产业发展工作情况时，指出中国近年来已经"不断加大知识产权保护力度，完善侵权查处机制，促进知识产权运用"。12月，文化和旅游部发布了《中华人民共和国文化产业促进法（草案送审稿）》，第七十条列举了市场主体的九项不法行为，其中一项即为"侵犯他人知识产权等合法权益"。

为打击侵权行为，国家版权局开展"剑网行动"，于2010年正式启动"打击网络侵权盗版专项治理"行动。2013~2018年，全国共查处网络侵权盗版案件22568起。2018年，"剑网"明确提出，将公众号自媒体未经许可转载新闻作品和摘编整合、歪曲篡改、抄袭剽窃等侵权行为列为重点打击现象。2019年2月，国家版权局召开"剑网2018"治理成果报告大会，称此次专项治理共"查处网络侵权盗版案件544件，其中查办刑事案件74件、涉案金额1.5亿元，专项行动取得显著成效"。① 4月，在中国网络版权保护与发展大会上，国家版权局联合国家互联网信息办公室、工业和信息化部、公安部共同启动了打击网络侵权盗版的"剑网2019"专项治理行动。"剑网2019"将从"深化媒体融合发展版权专题保护"等五项内容进行重点整治，明确提出要严肃查处自媒体行业的"洗稿"等侵权行为，并对侵权的互联网用户公众账号采取关闭、取缔等不同的惩治方式。

2. 升级原创保护功能，设立洗稿投诉合议小组

2014年7月，微信公众号开始向用户公开文章的阅读量，打击公众账号刷粉刷量行为，提高运营者与用户之间的数据信息的对称性。2015年1月，微信管理平台上线原创声明功能，主动申请并通过审核的文章可获"原创"标识。未经授权转载此类文章将变成分享样式，用户需跳转至原创账号方能阅读全文；实施"阶梯式处罚机制与举报申诉机制"，任何整理、改编、翻译、注释他人已有成果而创作的作

---

① 《国家版权局通报"剑网2018"专项行动工作成果》，国家版权局，http://www.ncac.gov.cn/chinacopyright/contents/11205/394358.html。

品均不属于原创。2018年6月，微信平台发布的《赞赏和转载功能升级》管理规定指出，原创作者一旦设置开放转载功能，所有公众号都可转载；读者可在文章末尾处赞赏原创作者，收益所得归原创作者所有。

2019年10月，在腾讯主办的"互联网社交平台知识产权保护大会"上，腾讯发布了《2019微信知识产权保护报告》。报告显示，从2018年至2019年上半年，微信平台共删除了涉嫌侵犯版权的公众号文章超15万篇，超1亿篇文章成功获得"原创"标识。自2018年12月以来，微信公众平台发动并组织成立了洗稿投诉合议小组，该小组的成员皆为长期进行原创内容生产的作者，截至2019年6月底，该小组已解决200多起"洗稿"纠纷案。[①]

（三）治理建议

1. 完善版权立法，加强执法队伍建设

应加速数字版权立法的进程，可集结国家版权研究的专家学者及微信团队法务人士就"微信媒介的版权治理"召开研讨会，厘清并分类列举微信平台版权侵权行为和惩治措施；正式定义"洗稿"，划清法律红线；将著作权侵权行为纳入企业和个人的信用记录中，让民众真切感受到著作权法的存在。此外，还应加强执法队伍建设，推进政府工作人员学习知识产权的保护与管理，开展微信媒介版权治理经验总结与分享大会；建立并及时更新微信平台版权治理案例数据库，为日后微信媒介的版权治理研究提供文本与思路。

2. 加大技术、经费投入，创新奖励机制

政府机关应加大技术支持力度，增设政府机关技术岗位，引导政

---

① 《腾讯2019微信知识产权保护报告：处理超过11万个品牌假冒侵权个人账号》，腾讯科技网，https://tech.qq.com/a/20191029/009264.htm。

府机关工作人员共同探索、掌握大数据的监测与审核功能,提高治理水平;加大版权治理经费投入,保障政府监测与审核的正常运转,开展微信媒介版权侵权专项治理行动。另可创新奖励机制,发起"微信版权保护"原创作品主题创作大赛,嘉奖优秀个人或团队,探索鼓励竞争的良性机制,激发全民创造活力;探寻版权教育新思路,多渠道开展知识产权道德教育与宣传工作,把版权普及教育纳入中学、大学的学校教育中,引导青年群体形成正确的版权意识。

3. 建立版权管理组织,完善版权援助机制

微信管理平台可筹划建立版权管理组织,明确文章转载要求,限制引用比例;将原创内容当作资产进行估值及管理,尊重原创内容的市场价值,发生侵权行为时,按照其市场估价进行赔偿。完善微信管理平台版权援助机制,为侵权作者提供监测报告、咨询等服务,最大限度地保护其合法权益。引导自媒体行业加强行业自律,营造"尊重知识、崇尚创新、诚信守法"的创作氛围。

二 谣言治理

(一)微信媒介的谣言问题

谣言指的是没有相应事实基础,却被捏造出来并通过一定手段推动传播的言论。谣言虽缺乏事实依据,但往往广泛传播,反映大众的社会焦虑。微信媒介加速了谣言的发酵时间、传播速度和社会影响,屡禁难止,主要存在以下问题。

1. 种类繁杂,法律管理真空

信息共享时代下,微信平台的谣言题材已不再局限于个人生活圈,社会热点问题成为谣言的新焦点。中山大学大数据传播实验室发布《微信"谣言"年度分析报告(2016)》将谣言分为九种类型,与

生命安全相关的健康及食品安全类谣言关注度最高。[①] 2019年6月,"2019食品安全谣言治理行动"论坛发布了《2018年食品安全谣言治理报告》,称2018年我国食品安全类的谣言总数减少,但谣言的治理依旧存在较大问题,而微信由于用户众多、封闭性强成为谣言滋生与传播的重灾区。10月,在第三届互联网数据与社会治理南京智库峰会上,腾讯公司政务舆情发布了《2019年网络谣言特征观察与趋势研判》,指出2019年的三大类网络谣言,为食品安全类、医疗健康类和社会科学类,并指出当前网络谣言呈现出视觉化传播趋势。为加剧用户的焦虑、不安、恐惧,造谣者刻意编造骇人听闻的标题和表述模糊的内容。然而,当前法律尚无适用于"制造和散播微信谣言"的条款,体制管理边界的真空,使造谣传谣者游离在法律安全区,有恃无恐地散播谣言。

2. 辟谣难度大

卡斯·R. 桑斯坦认为,谣言通过"社会流瀑"和"群体极化"两个过程传播。社会流瀑源于群体的趋同心理,指当事人容易在大众的影响下轻信谣言,它的发生原因有二:一是"人们对信息的知晓程度低",二是"从众心理"。而群体极化则是指当思想观念相似的人聚在一起讨论时,讨论结果常以更极端的结果呈现。[②] 在封闭的空间中发生从众流瀑,虚假谣言会被无限放大,从而得到广泛传播。微信是一个私密的强关系网,好友间信任度高,信息传播影响力大。微信谣言一旦生成,便难以"自净",辟谣难度大。

---

① 《微信年度谣言分析报告 五大谣言点击均超2000万》,人民网,http://it.people.com.cn/n1/2016/0402/c1009-28246308.html。
② 〔美〕卡斯·R·桑斯坦:《谣言》,张楠迪扬译,李连江校译,中信出版社,2010,第35~43页。

（二）治理措施

1. 推动谣言入罪入法，开展专项整治

文化规制是建构良性文化秩序的重要手段，而文化本身即为规制的结果。文化规制"首先就是文化规章制度，就是关于文化的条条框框，它是一切文化秩序的法的和社会的规制的文化表现"[①]。为了杜绝谣言的负面传播效应，国家对网络谣言进行了文化规制。

1979年7月，第五届全国人民代表大会第二次会议通过了《中华人民共和国刑法》，40年来，《中华人民共和国刑法》已历经八次修订，现行《中华人民共和国刑法》是2015年8月第十二届全国人民代表大会常务委员会第十六次会议通过的《中华人民共和国刑法修正案（九）》，修订后的刑法在第二百九十一条中增加了网络谣言的内容，指出"编造虚假的险情、疫情、灾情、警情，在信息网络或者其他媒体上传播，或者明知是上述虚假信息，故意在信息网络或者其他媒体上传播，严重扰乱社会秩序的，处三年以下有期徒刑、拘役或者管制；造成严重后果的，处三年以上七年以下有期徒刑"。在当下，微信平台已成为广泛应用的信息传播介质，其平台谣言泛滥的乱象已成为难以根治的问题，谣言入罪将为治理提供思路和支持。

2005年8月，第十届全国人民代表大会常务委员会第十七次会议通过了《中华人民共和国治安管理处罚法》，2012年10月，第十一届全国人民代表大会常务委员会第二十九次会议通过了《全国人民代表大会常务委员会关于修改〈中华人民共和国治安管理处罚法〉的决定》。修订后的法律细化了对散布谣言行为的处罚，指出"散布谣言，谎报险情、疫情、警情或者以其他方法故意扰乱公共秩序的"，情节

[①] 胡惠林：《文化规制：一个重要的研究命题——评〈文化规制论〉》，《文汇报》2017年3月6日，第A07版。

较重的将处以"五日以上十日以下拘留,可以并处五百元罚款",而情节较轻的,则"处五日以下拘留或者五百元以下罚款"。

2014年,中央网络安全与信息化领导小组(后更名为"中央网络安全和信息化委员会")出台《即时通信工具公众信息服务发展管理暂行规定》,即"微信十条"。"微信十条"落实"前台自愿、后台实名",将"散布谣言,扰乱社会秩序,破坏社会稳定"列为非法行为。2017年9月,国家互联网信息办公室印发了《互联网群组信息服务管理规定》,提出"不信谣不传谣"等九个"不发",强调群主和管理者的责任意识。2018年10月20日起,国家网信办开展自媒体专项治理行动,集中整治自媒体谣言、色情等乱象。11月,国家网信办约谈微信自媒体平台,微信随后"封禁及处理夸大误导、标题党类账号24822个,删除相关文章76265篇"。[1]

2. 开发智能辟谣工具,筹建谣言数据库

2014年8月,微信管理平台建立了"技术拦截、举报人工处理、辟谣工具"三大系统,鼓励用户积极举报传播谣言的微信群、朋友圈及公众号;加强了后台审核,处罚造谣传谣公众号,及时控制谣言传播,缩小谣言传播范围;开发了微信谣言过滤器、"微信辟谣助手"小程序、平台企鹅号辟谣机制等,联合人民网、丁香网、手机管家、QQ浏览器共同治理谣言,提高了微信内容运营的安全性和辟谣内容鉴定的准确性。2015年,腾讯新闻开发了《较真》栏目,这是一个致力于新闻查证的全民平台,致力于查证和打击假新闻、缺陷新闻、谣言等,正在筹建国内最全的谣言数据库。

2017年12月,互联网安全责任论坛在北京召开,腾讯公司作为

---

[1] 白金蕾:《网信办约谈微信微博整治自媒体乱象:处理9800个账号约谈微博微信》,新京报网,http://www.bjnews.com.cn/finance/2018/11/12/520736.html。

联合主办方出席了论坛，并发布了《2017腾讯公司谣言治理报告》，梳理了腾讯公司2017年度谣言治理的成果。为治理谣言，腾讯公司推出了包括微信公众号平台辟谣工具、微信谣言过滤器、较真平台等多个辟谣工具，其年度"辟谣阅读总次数超8亿，共拦截谣言超5亿次"，此外，"辟谣榜单研究报告累计发布76个，辟谣专家和机构合作方达1304家"。在这份治理报告中，腾讯公司特别呈现了微信平台的治理成效，并从"开辟辟谣能力""知识教育""智能查询""小程序"四个类目开展报告。报告显示，当年共处罚公众号数量约18万个，"辟谣中间页科普人数约1.4亿人"。在知识教育方面，2017年微信全平台累计详细解读500余条谣言，全平台累计传播量超4500万。辟谣小程序用户数量达1970余万人，日均打开30余万次。腾讯新闻较真平台共生产辟谣文章900篇，科普覆盖人数近3亿人次。

2019年1月，阳光媒体人暨谣言治理大会在北京召开，会议发布了《2018年网络谣言治理报告》。在报告中，腾讯公司汇报了2018年的谣言治理成果，并详细解读了微信平台的谣言治理成效。2018年，微信的第三方辟谣合作机构共774家，生产辟谣文章共3994篇，文章阅读量接近11亿，拦截谣言84317条，辟谣的覆盖人数达2.94亿人。为传递科学知识，剥去谣言的伪装，微信采取"知识教育"和"智能辟谣"相结合的手段，通过谣言过滤器、辟谣助手小程序、腾讯新闻较真平台等治理谣言。其中，谣言过滤器年度生产文章数量达200篇，微信辟谣助手小程序近半年的日均打开数约13万次，累计阅读量达2.3亿次，腾讯新闻较真平台发布辟谣榜单52个。

（三）治理建议

1. 倾听受众心声，建设科普平台

谣言的接受者中，有相当一部分是为挫折所困扰、信息识别能力低、心理素质差等人群。当困难发生时，人们容易产生无助和焦虑心理,谣言的存在为其提供了释放焦虑的出口;而当大众的信息储备和个人认知不足以识别谣言的内容时,谣言的说服力增强。大部分人对谣言缺乏直接经验,习惯用个人偏见处理信息,并对信息做出新的解释和评论。为治理微信谣言,政府可在第一时间找准受众群体的情绪由来,邀请有公信力的第三方消除受众的心理疑惑;注重科普平台的建设,为受众提供正规的科普渠道、正确的科普信息。

2. 共建全民监督体系,督促行业自纠自查

目前,部分运营者缺失主体责任意识,自觉沦为了谣言"扩音器",随意发送虚假谣言,掩盖事实真相,阻碍了用户的判断与思考。为治理微信谣言,微信管理平台可构建全民监督体系,鼓励用户参与监督,实行举报奖励制度,累计用户的举报次数和举报效果,定期嘉奖"积极用户";建立互动与反馈机制,重视用户对微信谣言治理情况的反馈与建议,及时反省和修正;开设谣言投诉新渠道,为用户提供权威的谣言查证报告,截断虚假谣言的无序传播。此外,微信管理平台还可定期开展平台内部谣言整治,督促微信自媒体平台自纠自查,并及时公示屡教不改的违规账号,发挥平台的震慑作用。

三 色情治理

(一) 微信媒介的色情问题

色情是"隐形毒品",对人的身心健康、婚姻家庭生活甚至社会治安构成危险,淫秽色情信息搭载互联网迅速传播,微信平台色情问题突出,主要表现在以下两个方面。

1. 色情交易新渠道

微信平台的色情信息无孔不入,主要有三种存在方式:微信群的淫秽色情视频分享;公众号低俗色情文本的生产与传播;微信"摇一

摇"、"附近的人"和"漂流瓶"的色情交易。如今,"漂流瓶"的色情已形成一条灰色产业链,用户将"扫码看片群"二维码、色情网址链接等信息隐藏在"漂流瓶"中,通过"扔瓶子"散播色情信息。其他用户"捡"到瓶子之后,通过扫描二维码进入"看片微信群",付费观看色情视频。"摇一摇""附近的人"的交友功能发生了质变,甚至被用户当作寻找一夜情的神器。

2. 利用监测漏洞进行色情传播

微信是一个信息载体,淫秽、色情内容裹挟在信息洪流中泥沙俱下。然而,由于技术限制,微信监测平台存在大量漏洞,用户利用微信管理平台的监测漏洞,采用"谐音""缩写"等方式命名文章、视频等的标题,或在文章底部"阅读原文"中设置超链接引流至色情公众号、网站等实现色情传播。微信的匿名性使部分用户失去自我约束力,放纵欲望。

(二)治理措施

1. 加强内容监测预警,开展网络生态治理

2015年1月,中共中央办公厅、国务院办公厅印发了《关于加快构建现代公共文化服务体系的意见》,提出了现代公共文化服务的五项基本原则,第一项即为"坚持正确导向"。在"坚持正确导向"中,明确提出要"抵制有害文化"。2016年11月,第十二届全国人民代表大会常务委员会第二十四次会议通过了《中华人民共和国网络安全法》,指出国家要倡导"诚实守信、健康文明的网络行为",任何组织和个人都不得传播淫秽色情信息,加强了网络信息安全的监测预警。2019年10月,中共中央、国务院印发了《新时代公民道德建设实施纲要》,指出当前网络有害信息对公民道德领域造成的消极影响,并且提出要"以正确舆论营造良好道德环境""以优秀的文艺作品陶冶情操",激浊扬清,坚决抵制低俗、庸俗和媚俗的不良作品,及时清理

网络色情内容，肃清网络空间环境。

2018年10月，国家"扫黄打非"办公室和国家广播电视总局就公众号色情低俗内容，约谈了腾讯，微信方面表示近半年来已封禁及处理25842个涉嫌传播色情暴力内容的账号，删除相关文章43511篇。[①] 2019年4月，全国"扫黄打非"办公室启动了为期八个月的网上低俗信息专项治理活动，微信被列为此次整治活动的重点排查平台之一。该活动"综合运用行政管理、行业规范、道德约束"等多种手段，"重点清理网络传播淫秽色情和夹杂淫秽色情信息内容"，及时下架、查处内容低俗和价值观导向偏差的网络文学，而且提出要"严厉打击利用微信公众号、微博、贴吧、论坛等渠道引流低俗内容行为"。

为加强对淫秽色情的治理，"净网2018"将网上淫秽色情作为重点打击对象，共查办淫秽色情信息及出版物案件1603起，取缔关闭淫秽色情网站2万余个，处理淫秽色情网站1222家。[②] 2019年1月始，国家网信办在全国范围内开展了网络生态治理专项行动，至6月12日，"已累计清理淫秽色情、赌博诈骗等有害信息1.1亿余条"，"注销各类平台中传播色情低俗、虚假谣言等信息的违法违规账号118万余个"，"关闭、取消备案网站4644家"。[③] 6月，国家网信办启动了针对网络音频乱象的专项整治行动，对触犯社会基本道德底线和公序良俗的不良平台实行"约谈、下架、关停服务等阶梯式处罚"。

2. 下线"漂流瓶"功能，升级微信鉴黄系统

2014年4月，微信出台《微信公众平台运营规范》，指出对涉嫌

[①] 《要求坚决清理传播淫秽色情和低俗等内容的微信公众号》，中国扫黄打非网，http://www.shdf.gov.cn/shdf/contents/767/387631.html。

[②] 史竞男：《严打网络淫秽色情信息，涉黄直播平台案件查办成果突出》，新华网，http://www.gov.cn/xinwen/2018-08/16/content_5314426.htm。

[③] 刘泽：《国家网信办集中整治网上"软色情"信息》，中国法院网，https://www.china-court.org/article/detail/2019/06/id/4052733.shtml。

编造和传播低俗色情等违法违规内容的账号予以从警告、删帖到封号等惩罚。2018年11月，微信平台暂时关闭了"漂流瓶"功能，进行微信内部专项整治，处理了810多个涉黄微信群，对3500多个微信账号进行限制性的阶梯式处罚[①]，但因总体整治效果不佳，2019年5月5日，微信正式下线"漂流瓶"功能。2019年始，微信开展了针对小程序的专项治理，重点打击UGC（用户生产内容）违规及色情低俗小程序，并在8月份公布了治理的成果。微信方表示，截至8月1日，微信平台共处理100余个涉嫌UGC违规小程序账号及1700余个色情低俗小程序。[②]

2018年5月，微信上线小程序，设有"图片智能鉴黄"、"智能人脸识别"及"恶意文本检测"三个功能。"图片智能鉴黄"借鉴了阿里巴巴、腾讯云等AI鉴黄师的工作原理，通过对微信群、朋友圈、推送等的图片进行24小时实时监测，精准判断图片的色情倾向，为人工鉴黄师筛选出具有色情倾向的嫌疑图片，极大提高了效率。

（三）治理建议

1. 界定色情范围，引导受众升华性本能

《中华人民共和国刑法》将"淫秽"定义为"具体描绘性行为或者露骨宣扬色情的淫秽性的书刊、影片、录像带、图片及其他淫秽物品"，但未对"色情"做出解释，色情界限模糊。由于文化、价值观和年龄等因素的影响，人们对"色情"的理解大相径庭。为更好地治理微信色情，国家可联合腾讯公司设立专业的文化研究小组，潜心研究各国法律，立足本国文化现实，合理定义色情。除此之外，国家可

[①] 远洋：《微信专项清理色情恶意账号：810多个群被限制处理》，IT之家，https://www.ithome.com/0/397/408.htm。

[②] 白金蕾：《向色情低俗说"不"，微信处理1800余个违规小程序》，腾讯网，https://new.qq.com/omn/20190801/20190801A0KVT300.html。

鼓励微信自媒体创作优秀的文学、艺术等精神文化产品，引导受众提高自身的审美需求，升华性本能。

2. 融合大数据技术，优化监测功能

腾讯公司作为第三方管理平台，可加快大数据与微信的融合，发挥"过滤器"的作用，定期进行"内部扫黄"，主动抑制淫秽色情的传播，净化微信媒介的文化空间；严格落实后台实名制，充实微信鉴黄系统数据库，屏蔽含有性暗示的微信用户名和头像；加快微信语音鉴黄功能的研发，形成更完善、更精确的鉴黄系统，优化微信监测功能。

当今中国正处于全新的媒介时代，微信的产生拓宽了人们获取信息的渠道，加快了信息传播的速度，也使文化治理的问题面临全新的挑战。为此，国家更新了与版权相关的法律法规，启动了"剑网"行动；推动了谣言入罪入法，开展了网络谣言专项整治；加强了内容监测预警，深化了网络生态治理。微信管理平台则升级了原创保护功能，设立了洗稿投诉合议小组；开发了智能辟谣工具，筹建了谣言数据库；下线"漂流瓶"功能，升级了微信鉴黄系统。在此基础上，可完善版权立法，建立版权资产管理组织；建设科普平台和全民谣言监督体系；引导受众升华性本能，优化色情监测功能。符合工具理性与价值理性、尊重文化发展规律的微信媒介文化治理，将成为新时代下实现文化强国目标的助推手，对国家的文化安全、繁荣与复兴发挥重要作用。

公共治理理论视野下的网络秀场直播监管*

苏凡博　王心瑞**

摘　要：本文结合公共治理理论，从政府、平台、公会、社会监督四个方面分别展开论述，分析当前网络秀场直播监管的症结所在，并提出合理化的建议。在当前的社会环境下，有必要从更广阔的角度对网络秀场直播监管进行重新认识。网络秀场直播监管应该遵循公共治理的监管理念，进一步优化监管过程的资源配置，建立以政府为主导、充分调动各方力量的网络直播监管体系。

关键词：公共治理理论；网络秀场直播；监管

中国互联网络信息中心在2019年8月发布的第44次《中国互联网发展状况统计报告》（CNNIC）显示，截至2019年6月，我国网络直播用户规模达4.33亿，占总体网民的50.7%，其中真人秀类别直播的用户规模为2.05亿，占总体网民的24.0%。[①] 由此可见，秀场直

---

* 本文系国家社科基金项目全球跨境数据流动治理中的冲突格局与数据主权的维护（20BXW111）的阶段性成果。
** 苏凡博，广州大学新闻与传播学院副教授；王心瑞，广州大学新闻与传播学院硕士。
① 中国互联网络信息中心（CNNIC）：《第44次中国互联网络发展状况统计报告》，http://www.cac.gov.cn/pdf/20190829/44.pdf，2019-08-30。

播在整个网络直播中占据着主要地位。但由于过度娱乐化、缺乏监管、盈利模式畸形等原因，秀场直播在发展过程中各种乱象频出，阻碍了其良性发展。其中语言暴力、内容低俗、违法侵权等失范行为更是对移动互联网的健康发展产生了不良影响。

运用公共治理理论探讨当前网络秀场直播的监管问题，能够帮助我们厘清当前网络秀场直播失范行为屡禁不止的症结所在，有助于监管主体充分发挥各自优势，弥补监管过程中的不足，发挥网络秀场直播监管的最大效能。本文将基于公共治理理论，对网络秀场直播监管进行深入分析，并提出进一步完善的建议。

一 公共治理理论的治理逻辑

公共治理理论的兴起是由于20世纪70年代末西方政治学家对传统的行政管理模式不满，从而掀起了"重塑政府"的热潮。依据该理论，部分公共责任会转移到除政府主体外的个人以及非政府机构身上，而这样的责任转移也会使得参与活动的各主体之间形成一种依赖与互动。如果希望实现共同目标，那么他们必须依赖各自的资源优势与其他主体进行谈判，以求获得更好的治理效果。也正是由于权力的互相依赖，治理过程变成了一种互动的过程。

顾建光认为公共治理的内在含义是"相关各方为影响公共政策的结果而展开互动的方式"。[①] 我国著名学者俞可平教授从政治学的角度为治理一词下了定义，他认为"治理意味着在现代社会国家，正在把原先由它独自承担的责任转移给公民社会即各种私人部门和公民自愿

---

① 顾建光：《从公共服务到公共治理》，《上海交通大学学报》（哲学社会科学版）2007年第3期。

性团体"①。

改革开放以来,我国在社会治理理念方面发生了巨大变化。国内学者对公共治理理论进行深度剖析,一致认为公共治理理论在我国具有广泛的适用性。因此在后续的改革过程中,我国一直强调运用公共治理理论对政府的工作进行改革。党的十六大以来,我国开始倡导服务型政府建设,在治理理念、协调合作、治理机制等方面都进行了大胆创新。

政府在治理过程中作为上层建筑,是保障治理有效执行的关键性因素。俞可平教授认为,"治理的主体既可以是公共机构,也可以是私人机构,甚至可以二者合作"②。依照这个逻辑进行分析,我们可以将当前网络秀场直播中的监管主体进行分类,分别是:政府职能部门、直播平台、直播公会和社会群体。通过关系梳理,可以将监管的主体和客体划分为三条治理关系链,分别是:外部治理关系链、内部治理关系链、内外部共治关系链。依据四个主体和三个链条的逻辑,可以从政府职能部门的外部治理、直播平台的内外部共治、直播公会的内外部共治、社会群体监督的内外部共治四个方面进行分析。

二 政府职能部门的外部治理

公共治理理论在中国试图解决的问题是推动政府管理走向社会公共治理。国家治理体系建设的有序推进和治理能力的全面现代化,其关键点终究落在形成政府、市场与社会三者的有效互动中。要发挥三

---

① 俞可平:《治理与善治引论》,《马克思主义与现实》1999年第5期。
② 俞可平:《治理和善治:一种新的政治分析框架》,《南京社会科学》2001年第9期。

者合力带来的治理效应，就要求政府首先要解放思想，一改传统治理的常态，与其他主体之间进行有效的沟通协作。

基于公共治理理论的基本要求，国家作为主导力量，可以同时协调多个主体进行共同治理。政府在整个治理环节中扮演什么样的角色，很大程度上影响公共治理理论的适用效果。在网络秀场直播监管中，政府的作用可以分为五个方面：(1) 政府是治理规则的制定者，用"无形的手"对整个互联网行业进行宏观调控；(2) 政府作为主导方与其他治理主体之间进行协调；(3) 政府负责发布治理规则；(4) 做社会利益博弈的"平衡器"，避免社会各阶层因利益冲突而损害治理协作；(5) 对当前的监管效果做出及时的判断。

1994年，国务院首次设立了针对互联网内容监管的相关条例，这标志着互联网内容安全正式进入我国的监管范围。2011年，网络直播初露头角，由于直播用户量不断加大，网络直播领域呈现复杂多样的局面。2014年，国务院办公厅设立了国家互联网信息办公室，以更高的行政级别对我国互联网信息内容进行监督管理、政策落实、文化建设、运营监管等多种工作。从此我国的互联网信息内容管理有了专职的领导协调机构。以网信办成立为标志，我国政府开始改变网络治理的结构，将权力进行分配。

政府会根据当前市场对网络直播的反馈情况及时调整监管治理的方案措施，向平台传达近期国家对于网络直播监管的主旨要求。同时，政府会定期安排专人到各平台进行走访调查，了解当前平台监管的痛点所在，及时调整监管策略。这也就表明政府不再是我们传统概念中的直接管理者，而是通过与平台之间沟通，成为监管过程中的合作伙伴。

三　直播平台的内外部共治

平台作为网络秀场直播的传播渠道，承担了保障整个网络直播行业有序发展的重要责任。如果我们将公共治理与市场治理看作统一体，那么在网络秀场直播监管体系中，平台作为市场主体，既是政府的监督对象，又是整个监管过程的参与者。市场主体参与到公共治理中来，不仅是为了维护社会的和谐稳定，更重要的是基于政府与市场之间共同的经济利益。党的十八届三中全会中确立了"市场在资源配置中起决定性作用"的改革基调，这一理念在网络直播行业中的实践，进一步提高了作为市场主体的网络平台在整个互联网直播监管中的位置。

政府在不同时期会对平台监管提出不同的要求，平台需要在了解政府监管意愿的同时，结合自身的现状及时调整监管方式。当前网络直播中的失范现象屡禁不止，很大程度上是因为市场缺乏理论的指导。在对公共治理理论进行实践的过程中，政府对于市场提出要求，但并没有提供相应的帮助。将自身无法解决的问题甩给"市场"，实际上更像是一种对监管治理中出现的问题进行逃避的行为。因此在改革过程中，除了需要提高市场主体的监管效率外，更多的是要在政府与市场主体之间建立良好的合作机制，充分释放市场的活力，逐步实现从政府管理社会到政府主导下的社会协同治理转变。

同时，平台自身在监管过程中也存在部门之间的博弈。在直播平台的内部，各部门之间的立场有所不同。这就很容易出现运营部的人一边将主播推荐到榜首的位置，而内容安全部的工作人员在另一边将其违规下架，从而侵犯其他部门的利益。这也是为什么很多时候在我们主页刷到直播观看时，会突然显示"主播已下播"，实际上就是运营部的人将其推荐到首页后,安全部的工作人员审核发现直播内容不符合平台的监管要求,从而强制关停。出现这种现象的重要原因是网络直播从业人员对于网络直播发展的目标存在偏差,平台内部部门间的发展目标不一致,无形地增加了平台内部监管的难度。因此在监管过程中,平台的首要任务是统一行业内部的发展路径,使平台内部各部门的目标达到一致。

四 直播公会的内外部共治

涂永前、熊赟对于网络直播公会做出了解释,他们认为,这里的"公会"不同于商会组织中的"同业公会"。"同业公会"中的"公会"是旧时同行业的企业联合组成的行会组织,这种"公会"一般比较松散,其成员可以是组织也可以是个体;直播行业所称的"公会"是一个内部话语,指的是对主播进行签约、包装和合作的组织,一般是娱乐经纪公司或工作室。公会挖掘、培训和管理主播并向直播平台输送主播资源,主播获得的直播间"礼物"由公会获得,并按照一定比例和主播进行分账。[①] 由于国家制定了"双资质"的要求,将不规范的小型直播公司"洗牌出局",原来的小型直播公司开始转型,成立公会。因此,市面上出现了许多直播公会,希望通过与大平台的合作,共同参与到网络直播行业中。在网络直播监管的过程中,公会作为主播的直接对接方,相较于政府监管与平台监管,公会的监管对主播更具针对性和处理的及时性。

目前市面上的公会除了平台内部自己成立的公会外,还有一部分

---

① 涂永前、熊赟:《情感制造:泛娱乐直播中女主播的劳动过程研究》,《青年研究》2019年第4期。

是私营的中小型企业。公会成立前，会根据自身的优势选择合适的平台。这种优势主要取决于各公会的负责人与平台之间的关系。他们在工作过程中积累的人脉关系，有助于公会在运营期间与平台进行紧密的沟通联系。公会与平台之间的合作交流表明不同层级的市场主体之间存在相互的权力依赖关系，这种权力依赖关系不是简单的依附关系，而是一种合作关系。但目前平台对公会缺乏直接管理的渠道，基于共同的利益需求，平台希望公会内部可以培养出头部主播为平台带来更高的人气，至于网络直播的内容安全，则是通过封禁账号的方式来对公会进行间接的管理。

公会属于一种自发性的组织，当前对于直播公会的成立也没有过多的限制，运营者只需要申请演出从业的执照便可运营，甚至不少公会没有从业执照，只需要与意向主播之间签订收入分配的合约即可。在这样的环境下容易出现的问题就是，小型公司想要在市场中生存下去，首要考虑的是自身的经济利益，忽略了对主播直播内容安全的监管。

面对屡禁不止的网络直播失范行为，多数人会将责任单方面归咎于主播的身上，认为主播是导致网络直播不良风气的始作俑者。公会作为网络直播中的内容生产者之一，却没有相应的法律对其行为进行约束。这也导致了公会很难意识到自身作为市场主体在公共治理过程中的重要作用，使得在对网络直播行业进行监管时，出现主体脱节的现象。

如此看来，在公共治理的过程中公会作为市场主体并没有利用自身的优势在监管治理中起到应有的作用。在接下来的监管治理改革中，有必要增强对公会监管责任的落实。

五 社会群体监督的内外部共治

社会群体监督力量主要由网络直播的受众、普通网民、媒体舆论以及有志参与到网络秀场直播治理的民间组织共同构成。这种社会的、非政府行为的治理力量是对网络秀场直播监管的极大补充。从公共治理理论的实践中我们可以看到,不论是政府治理还是市场治理都存在局限性,相较于这两个主体的作用,社会群体的监督在治理过程中显得更加灵活。

新媒体时代的到来,使受众接受信息从被动接受信息转变成为当下的"受传一体"模式。在直播中,粉丝可以成为主播,主播也可以成为别人的粉丝。粉丝作为网络直播平台的主要支撑点,打破了被动的格局,实现了他们的双重身份,拥有在网络平台中独特的话语权力。亨利·詹金斯指出,"在互联网新媒体时代,粉丝不再是单纯的被动接受者,而是转型成为新型的生产-消费者"[1]。马克思主义政治学认为"随着社会生产力的发展,国家会逐渐向社会回归直至灭亡"[2]。网络直播如果想获得长远的发展,在监管层面就需要发挥互联网双向传播、多方互动的优势。

目前,平台方意识到用户的真实性举报相较于技术监管而言效率更高。通过调动用户协助监管的积极性可以帮助各平台更为有效地提升自身的监管效率。这种做法充分调动用户自觉加入联盟,协助监管,可以降低平台监管部门工作人员的人工成本以及失误率。但这种做法

---

[1] 〔美〕亨利·詹金斯等:《参与的胜利:网络时代的参与文化》,高芳芳译,浙江大学出版社,2017,第5页。

[2] 蒙丹、张清学:《马克思主义公共权力发展理论——公共权力萌芽、异化与回归》,《攀枝花学院学报》2009年第2期,第16~20页。

本质上是将用户变为平台的数字劳工,是对用户劳动的剥削,如果一味压榨用户的价值,会导致用户不愿意参与到监管中来。因此平台应及时调整激励方式,只有设立完善的用户举报激励机制,才能使用户真正投入网络直播监管,保障网络直播行业蓬勃发展。

在强调网民监管重要性的同时,应该意识到舆论监督的作用。媒体通过自身的影响力可以将个人事件转化为社会事件。很多秀场直播监管的案例,都呈现"网民爆料-舆论关注-政府处理-平台整改"的发展路径。这其中,包括网民和媒体在内的社会群体监督起到了重要作用。

网络秀场直播在我国发展时间不长,却在短短的十多年间形成了"全民直播"的局面。2020年初,随着疫情的突然暴发,实体经济遭受了巨大的影响。在这样的背景下,网络直播充分发挥其线上互动的优势获得了长足发展。可以说网络直播又将进入一个崭新的时代,而相关部门的监管策略也需要不断调整,在变化的市场中探索出一条稳定的监管治理路线,将理论与实践相结合,进一步优化监管过程的资源配置,建立以政府为主导、充分调动各方力量的网络直播监管体系。

超越表征：数字时代跨文化传播研究的新视野*

李 鲤 吴 瑾**

摘 要：从主体实践、空间关系以及在场体验三个维度，对数字时代的跨文化传播进行研究可以发现，在沉浸式传播的"可感知世界"中，数字化身兼具主体与客体的双重属性，这为理解跨文化传播的文化转化提供了新的视角；身体消解了物体和空间的边界，成为桥接奇幻景观与现实世界的媒介，创造出突破异质文化时空区隔、重新界定文化边界的未来可能；在跨越文化边界的媒介化空间里，多感官互动的在场体验使人们重回日常经验世界，形成以人为中心的主体回归、以生命为主体的人性复归。这也提示了数字时代跨文化传播研究的重要转向，即回到"面对面交流"的起点，思考文化的融合与创新。

关键词：数字媒体；跨文化传播；具身传播；媒介化空间；在场体验

---

* 本文系国家社科基金一般项目"新时代背景下主流媒体对外传播观念变革研究"（19BXW053）的阶段性成果。
** 李鲤，中国传媒大学艺术研究院在站博士后，广州大学新闻与传播学院副教授；吴瑾，广州大学新闻与传播学院研究生。

当下，5G网络、虚拟现实与人工智能等传播技术迭代革新，改变了人们的信息获取方式和交流行为，为重建人与人之间的连接提供了新的可能。全球范围内的跨文化传播（Trans-cultural Communication）活动发生关键转向。一是技术通过重塑人类感知，实现了对人们认知的影响，"活生生的肉体战线恢复了力量，它使干瘪的语言战线变得哑口无言"①，具身传播嵌入跨文化交流的情景之中。二是数字媒介形构多样化在场与多重现实，创造了"人们与千里之外或近在咫尺的他者和谐共处的方式"②，"远程在场体验"③重新定义文化空间、意义边界。三是技术辅助感官媒介生产，虚拟现实成为传播实践中个体身体与情感的塑造力量，具有蓬勃生命力的沉浸式体验呼唤着跨文化传播中的人性复归。

新的技术实践提示我们需要在新的知识范畴中理解全球文化与传播的全新生态。关注身体、事件和日常生活实践的非表征理论（Non-representation Theory）④，为数字时代的跨文化传播研究开拓了新的视野。这一理论强调世界是在实践中不断变化的，"我们不能只关注如何解释世界（表征），还要关注做了什么"⑤。本文聚焦新一轮数字媒体技术引发的具身传播浪潮，首先探讨跨文化传播如何在具身参与和展演中挖掘"不断被转化的文化意义"⑥，其次在身体实践与多维度的感官互动体验中聚焦媒介化空间的塑造，以此为基础，拓展有关人、

---

① 〔法〕雷吉斯·德布雷：《媒介学引论》，刘文玲译，中国传媒大学出版社，2014，第47页。
② McQuire, S., *Geomedia: Networked Cities and the Future of Public Space*. Polity press, 2016, p.4.
③ 孙玮：《交流者的身体：传播与在场——意识主体、身体-主体、智能主体的演变》，《国际新闻界》2018年第12期。
④ Thrift N., Afterwords. Environment and Planning. *Society and Space*. 18 (2), 2000.
⑤ Thrift N., *Non-representational theory: Space, politics, affect*. Routledge. 2008, pp.1-26.
⑥ Lorimer H., Cultural Geography: The Busyness of Being 'More-than-representational. *Progress in Human Geography*. 29 (1), 2005.

媒介与跨文化互动认知。目的在于回应数字时代跨文化传播研究的核心问题，即我们如何与他者交流。

一 文化与传播：从遮蔽到重彰

文化研究的代表人物斯图尔特·霍尔认为文化实践活动是社会表征系统运作的结果，表征可以理解为通过语言和各种符号的表述使事物重新呈现[1]。那么，当我们关注文化与表征时，二者是否能够画上等号？后现代研究者们认为表征理论将主客体分割开来，"表征预设了文本优先于生活经验和物质性的存在，难以深入地涵盖日常经验"[2]，而且话语权力不可避免地隐含其间，从而限定了人们认识世界的边界。

至20世纪中期，文化地理学者奈杰尔·思里夫特在梳理前序研究"雪泥鸿爪"的基础之上，提出了非表征理论，随后这一理论逐渐发展成为新文化地理学的重要思潮[3]。非表征理论关注的核心问题包括日常生活实践、具身（embodiment）与身体、时间与空间的虚拟性与多样性、身体与情感的经历[4]。非表征思维突破传统表征认识论中的身心二元观念，将"身体从文化意义上的建构转向肉体与情感"，提倡"将日常世界中无意的、非话语的、难以捉摸的性质引入研究视野

---

[1] 〔英〕斯图尔特·霍尔：《表征：文化表象与意指实践》，徐亮、陆兴华译，商务印书馆，2013。

[2] Thrift, Nigel J., *Spatial Formations*. Sage Publications, 1996.

[3] Cadman L., Non-Representational Theory/Non-Representational Geographies [M]//Kitchin R, Thrift N., International Encyclopedia of Human Geography. *Amsterdam*: *Elsevier*: 456 – 463, 2009.

[4] Thrift N., Non-representational Theory: Space, Politics, Affect. *Routledge*. 2008.

中"①，突出了具身的、情境化的研究取向。

在跨文化传播学领域，主流的传播观着眼于"信息的跨越空间的远距离扩散"②，也就是说，信息须借助符号（媒介）才能从传播者到达收受者。除了面对面的跨文化人际交流，一般而言，传播者必须克服身体及其依托的物理空间场景，借助"可符号化、可进入语言文本系统"的中介物（medium），才能够实现远程传播。正是在这个意义上，以往的跨文化传播研究大多关注由"中介"表征的日常实践（如文化消费、形象传播等），以及相关实践活动产生的影响。在一定程度上，"身体的缺席在场"（absent presence）③加剧了跨文化传播中"传播偏向"（bias of communication）的产生。那些承载理性特质的文字、图像及视听符号，不可避免地与意识形态、刻板印象等相关联，产生"文化的遮蔽"。就像美国人永远无法从好莱坞电影中理解真正的中国，一位旅中的美国留学生曾结合切身经历谈到"在急着为中国人贴上各种标签的时候，我忘记了，他们其实是，独特的中国人"④。

相较于其他传播样式，跨文化传播在某种程度上更需要辅以"非理性"直觉的体验，以及"此情此景"的参照，帮助交流的双方跨越国籍、种族、民族、语言以及观念的鸿沟。跨文化传播的研究者也曾不止一次地指出，"跨文化传播的基本理论问题只有转入人的日常交往实践，才有可能找到可行的路径"⑤，因为那些诉诸"意会"的知识

---

① 宋美杰：《非表征理论与媒介研究：新视域与新想象》，《新闻与传播研究》2020年第3期。
② 〔美〕詹姆斯·凯瑞：《作为文化的传播》，丁未译，华夏出版社，2005，第8页。
③ 〔法〕梅洛·庞蒂：《知觉现象学》，姜志辉译，商务印书馆，2001。
④ 单波：《跨文化传播的基本理论命题》，《华中师范大学学报》（人文社会科学版）2011年第1期。
⑤ 单波：《跨文化传播的基本理论命题》，《华中师范大学学报》（人文社会科学版）2011年第1期。

永远无法被"言传"所替代。2017年由动画片《瑞克和莫蒂》引发的"美国麦当劳四川辣酱遭遇疯抢"事件中，微辣偏甜的美式SzeChuan Sauce与极具中国色彩的四川辣酱被混为一谈。完全并非同一所指的符号表征，造成了极具戏剧性的跨文化传播的误读：被"追捧"的中国文化到底是什么？这一非典型案例实则是在提示我们，承载嗅觉、味觉、触觉等非理性的知觉系统在跨文化传播中具有重要价值，因为"瞬间、感性、无法被再现"的体验往往组成了文化记忆最重要的内核。

当前，由数字技术催生的新媒介生态，使跨文化传播的"感性实践"产生了落地的可能。这不仅仅指向个体自由的增进、群际跨文化交往的解放，更指向身体－主体场景化的新实践。其一，跨文化传播中身体的回归成为趋势，即在沉浸式传播的"可感知世界"中，重建主客体关系，发现跨文化传播与意义实现之间连接的新可能。其二，从身体这一角度出发，"向外理解空间性"[1]，寻找"身体动作、实践和行为习惯中的能动意义"[2]，在协同创造、相互关联中理解文化之间的互动。其三，强调具身化的在场体验，重视个体感觉（affect）在"影响其他个体，形成集体的情感环境和难以描述的强烈情感氛围"[3]过程中的作用。基于此，下文将从数字媒体衍生出的主体实践、空间关系以及在场体验三个维度，挖掘非表征路径能够为跨文化传播研究提供的想象空间，探索跨文化传播中文化"重彰"与"融通"的可行路径。

---

[1] 陶伟、王绍续、朱竑：《身体、身体观以及人文地理学对身体的研究》，《地理研究》2015年第6期。

[2] Anderson B., Harrison P., The Promise of Non-representational Theories. Ashgate. 2008.

[3] Andrews G., Co-creating Health's Lively, Moving Frontiers: Brief Observations on the Facets and Possibilities of Non-representational Theory. Health & Place, 30: (65), 2014.

二 身体为媒：具身实践中的主客体关系

明确传播的主体与客体关系，是跨文化传播研究中首先要解决的问题。既往的跨文化传播研究多建立在大众传播的基础之上，对传播的主客体具有明确的角色划分。传播主体遵循自身的文化价值与惯习，在"单一主体论"或"自我中心论"的指导下，失去了"从他者出发"的跨文化态度。"主体间性"的哲学分析视角突破了跨文化传播的"主体－客体"模式，启发了"跨文化传播中主客体融通的理论可能性"[1]。梅洛－庞蒂综合胡塞尔的"主体间性"与海德格尔的"存在论"，进一步指出"主体间性是身体间性（inter-corporeity）……人的存在是关系性的身体处境之存在"[2]。也就是说，身体－主体才是人类意义的给予者，"是我们观看世界的立足点"[3]。身体作为"天然的、最高级的、最综合的传播媒体，它正好是一个从信息感应到信息反馈和使用的完整系统，是人类传播的真正原点"[4]，其"本质上即为媒介……即身体作为介质，既是世界的中心，又是其显现的载体"[5]。

"身体间性"为解决跨文化传播中的"主体共生"提供了理论依据。身体兼具主体与客体的双重属性，是两者的融合，由此突破了主客体二元对立的视角，为理解跨文化传播的文化转化（Trans-Cultural Communication）提供了新的视角。唐·伊德将数字时代呈现出的技术

---

[1] 肖珺：《新媒体与跨文化传播的理论脉络》，《武汉大学学报》（人文科学版）2015年第4期。
[2] 欧阳灿灿：《当代欧美身体研究批评》，中国社会科学出版社，2015，第102页。
[3] 宁晓萌：《表达与存在：梅洛－庞蒂现象学研究》，北京大学出版社，2013，第65页。
[4] 赵建国：《传播学视野下的人的身体》，《现代传播》（中国传媒大学学报）2013年第12期。
[5] 孙玮：《交流者的身体：传播与在场——意识主体、身体－主体、智能主体的演变》，《国际新闻界》2018年第12期。

与身体融合的趋势称为技术的"具身化趋势"[1]。具身关系下，技术化身被视为身体的一部分，并将技术身体在虚拟场景中的感知体验嵌入身体经验。比如，建立在虚拟现实技术之上的沉浸式传播的出现，将跨文化交流中的远程身体拉回到现实的交流场景之中，使"身体间性"得以可能。在沉浸式新闻作品《洛杉矶的饥饿》(Hunger In Los Angles)中，通过"在场"体验将观众带入洛杉矶食品救济站，感受"烈日下排队的贫民、痛苦倒地的糖尿病患者以及其周围惊愕无助的围观群众"[2]，被赋予运动自由的"观众"可以在虚拟场景中自如行动，甚至蹲下搀扶晕厥倒地的老人，虽然这并非"真实"。这种身临其境的"沉浸式体验"，使参与者得以跨越种族、民族与地域去感知"饥饿"。那些借助表征不能表达的事物，人们借助身体姿势、衣着方式甚至味觉、嗅觉去洞察普通人的日常"表演"实践，将具象化的认知感受，与身体"被集体经验和权力关系所包围的想法相结合"[3]，运用到真实的身体之中。身体作为"使不可见之物隐喻式地显现为在场之物的重要媒介……用身体及其感觉来同化这个世界，就能把陌生的、异质的、不可见的事物转化成可感觉的、可见的、可理解的事物，从而在人与世界之间架起一座沟通的桥梁，创造出一种关系和意义"。[4]

在具身性的跨文化传播中，主体用多样化的方式感受和使用身体，身体由此成为连接可见之物与不可见之物的中介[5]。另一沉浸式

---

[1] 〔美〕唐·伊德：《技术与生活世界——从伊甸园到尘世》，韩连庆译，北京大学出版社，2012，第47页。

[2] 史安斌、张耀钟：《虚拟现实新闻：理念透析与现实批判》，《学海》2016年第6期。

[3] Kuhlke O., German Bodies: Race and Representation after Hitler. *Gender, Place and Culture: A Journal of Feminist Geography*, 7 (2), 2000.

[4] 欧阳灿灿：《当代欧美身体研究批评》，中国社会科学出版社，2015，第115页。

[5] Matteucci X., Forms of Body Usage in Tourists' Experiences of Flamenco. *Annals of Tourism Research*, 41 (7), 2014.

新闻作品《使用武力》（Use of Force），讲述的是美墨边界巡警使用武力殴打移民致死的故事。在观看过程中，观众可以通过移动手上的感应设备，追踪自己的手部动作，带领身体以互动的方式进入故事现场。在此，虚拟技术通过模拟、创造的方式，唤醒了诸如视觉、听觉、触觉等身体知觉，营造出身体在场的"真实"感觉。身体则重新连接了物质、符号与媒介，在感知他者的过程中，实现身体与其他身体的对话，即通过感同身受的体验使意义落地。在这种"身体间性"的非表征互动中，每个参与的个体可以从"他者"身上体验自我，也可以从自我身上反思"他者"。参与传播过程的每一个个体的身体都是传播关系中的主体，主体性在传播主体间延伸，亦即在传播主体与主体的相互体认、相互影响中延伸，实现对文化他者的深入认识和文化转化，终致达成对生命存在共通意义的理解。

当前，技术正在不断侵入人类的身体世界，持续地塑造新型身体。数字技术使来自不同文化的人们得以通过具身的方式参与传播实践，各种民族性格、思维方式、价值观念以及多种多样的文化样式得以在更大范围内取得理解，文化间的适应性也显示出更为澎湃的生命力。在此，作为"技术具身"的身体主体突破了以往单一维度的社会结构象征，转向"探索传播与媒介交互中充满生机的'体验中的身体'"[1]。随着传播介质由符号-文本走向物质-关系，借力"新技术突破传统的、基于话语表征的文化接合实践，建立以物质性和人的具身感知为纽带的、非表征的跨文化传播新认知"[2]，将有助于促成新型文化转化结构的形成。

---

[1] 宋美杰：《非表征理论与媒介研究：新视域与新想象》，《新闻与传播研究》2020年第3期。

[2] 李鲤：《媒介·主体·方法：互联网与对外传播观念的革新》，《现代传播》（中国传媒大学学报）2020年第8期。

三 重构边界：可连接的媒介化空间

虚拟技术造就的数字化具身，兼具生物性与技术性双重属性。这一新型主体的跨文化传播实践，创造了与以往彼此分离的身体/意识主体完全不同的在场状态。"虚拟化身"打破了实体地理空间与虚拟网络空间的屏障，可以即时穿越在分属不同文化场域的空间之中，创造出多样化的在场方式。进而通过个体的身体传播实践重组虚拟空间、实体空间与异质空间，形成可连接的"媒介化空间"。诸如接入全球数字网络的虚拟现实游戏玩家可以在日常生活世界与网络游戏世界中来回穿梭，在这一过程中，身体消解了物体和空间的边界，成为桥接物质媒介、奇幻景观与现实世界的新媒介，创造出突破异质文化时空区隔、重新界定文化边界的未来可能。

那些超出人类惯常活动场域的新媒体装置，辅以虚拟现实技术，正在远程重塑个体对于时空的感知能力。2017 年，社交游戏 VRChat 在全球知名游戏发行平台 Steam 上线，至 2019 年初游戏用户量达到 400 万[①]。VRChat 借助拟像化的全息场景实现了对现实世界的高度还原，而体感捕捉技术则创造了具备多维感知能力的技术具身。在这个全球用户同步共享的三维空间中，来自各个族群的个人化身聚集在一起，既可以自由地创造表达自我的非表征元素，也能够进入其他文化圈层，以超越现实地理空间束缚、打破文化壁垒的方式实现跨文化传播的空间延展，搭建多维文化集合共享的"地球村"。这些虚拟的远程在场有着即刻且大量的互动，用户在使用设备进行具身"解读"

---

① 《VRChat 火了，但 VR 社交还没迎来最好的时代》，新浪网，http://games.sina.com.cn/y/n/2019-10-16/icezuev2640055.shtml。

时，读到的是身体的知觉意义，而这些浸入式的真实体验使跨文化交往具备了真情实感的投放。在这里，包括空间的装置与表现，身体的姿势和节律，都成为文化表达与交流的方式。比如，来自不同族群的个体通过虚拟的房屋设计和布置构建特定的文化身份，隐喻空间和自身特性等话题，以此透露与真实生活的联结。从而使跨文化传播"不再只被视为视觉化的象征物体和表征系统，而是在习惯下展演和实践的体现"[1]。由此，文化的交流得以进入具有差异性的文化内部，通过物体实践、身体展演、日常交往以及情感情绪的方式彼此联结，拓展来自不同文化圈层的人们的认知边界。文化的意义也在人与物质、场景的互动之中重新生成。

数字技术与人类感知的结合，实现了媒介对人的延伸。技术的变幻使虚拟的、社会的和自然的世界相互碰撞、走向融合，进一步发展出新的社会关系网络和文化形态。在以往的跨文化传播研究中，诉诸表征的语言在理性范围内对文化进行了"范畴化"的界定，比如人们会按照"民族/国家""宗教信仰""高语境/低语境"等范畴去肢解文化，划定交流的空间，但也因此失去了获得交流中"精神实质"与"身心全貌"的可能。事实上，正如生命哲学研究显示的那样，文化的交流往往与"直觉"相连，而不是与"理智"相关。柏格森曾提到"直觉来源于经验的世界，在直接的经验里，实体显然是不息的川流，是连续不断的变化过程，只有直觉以及同情的内省才可掌握它"[2]。在可连接的媒介化空间中，"直觉"的方法能够更广泛地融入跨文化传播能力之中，进入不同文化原型的背后。甚至将生命个体从各自历史性的文化界定中解放出来，在动态的互动空间中加以粘连和扩展，生

---

[1] Macpherson H., Non-representational Approaches to Body Landscape Relations. *Geography Compass*, 4 (1), 2010.

[2] 〔法〕亨利·柏格森：《时间与自由意志》，吴士栋译，商务印书馆，2011，第2页。

成具有平等、共情属性的"第三文化"。诸如在全球性的 Metoo 运动中，参与者在虚拟世界建立起国际性的共享社区，通过诉诸感性"直觉"的分享，成员间建立了亲密关系、共情友谊乃至政治团结，以此唤起来自不同文化的个体、组织或机构对身处弱势或被压迫群体的共情表达和行为，促成跨越文化隔阂的世界主义观念的形成。

如果说表征主导的跨文化传播忽视了人们交往空间的物质性和主体性，那么，非表征视角下的跨文化传播则趋向于构建起物质、身体、时空、情感的关联性框架，强调了身体与情感对空间的塑造力量。在跨越文化边界的媒介化空间里，跨文化直觉得以回归到经验世界之中，形成以人为中心的主体回归、以生命为主体的人性复归。

四 人性复归：基于"多感官互动"的在场体验

在跨文化的信息和技术互动中，身体作为媒介，集中了人类的各种感知系统，与时空、情境发生关系、彼此互构。那么，身体的感受是如何被唤醒，又如何对文化的认知产生影响？我们需要在把握身体、情绪与认知的基础上，进一步思考跨文化传播中人性复归、传播转向的问题。

有研究者通过分析行动者的身体经验、情境氛围等不同维度，探索技术化身如何拓展文化认知的边界，发现那些"发生在身体边界断裂或融合状态的瞬间感知……如使用鼠标的酸痛感、模拟射击游戏手柄的后坐力，往往会带来在体验中的思考行为"。[1] 这提示我们，数字具身的感知行为极大地拓展了人们原本阈于中枢感觉神经系统的感官体验，那些存在于感知系统末梢、身体习以为常的感觉被调动起来。

---

[1] 宋美杰：《非表征理论与媒介研究：新视域与新想象》，《新闻与传播研究》2020 年第 3 期。

其中，既有溢于外表的触感体验，如划动屏幕的手指触觉、可穿戴设备中的肢体状态，也有沉入体内的感知参与，如在VR视频中的心流、身体的平衡与失重等。当然，未来的虚拟现实技术必然创造出更具延展性的综合感官体验，比如可以让参与者在虚拟的场景中畅享大堡礁和马尔代夫沙滩带来的不同的皮肤触感，在对愉悦感受细微差异的体悟中，触摸文化地理的形成纹理。不难发现，这些千差万别的、来自身体内部与外部的感知，营造出跨文化传播中细致入微的感官互动体验，并在此过程中与参与者的社会和文化价值观发生关联[①]。

如果说技术身体是在综合性的感官互动中还原"在场"体验，那么对于跨文化传播研究而言，还需要进一步探寻身体感知变化的规律。比如，身体在与怎样的时空场景相遇时，才会更倾向于调动多感官协作、调解节奏，以增加对文化流变的敏感性？虽然虚拟世界中的沉浸式体验具有重塑个体时空感知的能力，但事实上在现实世界的日常生活空间中，人们的身体感受更为琐碎、寻常甚至无处不在。因此，在数字具身的传播实践中，身体往往会无意识地屏蔽那些日常感知的体验元素，对突然出现的场景或感官刺激表现出较为强烈的反应。在跨文化的交流中，文化的"异质性"与"变革性"同时存在，这提示研究者关注差异性文化元素出现的节奏、韵律、动量，以及不同文化元素在与媒介互动中的表现力等，比如如何恰当地运用音乐唤醒情绪促进文化互动等，为促进具身性的文化互动提供更多经验路径。

值得一提的是，非表征的相关研究显示物质环境也会影响到传播者的情绪。比如"对于家庭照片的携带、传播、分享和交换是身处不

[①] Revill G., Cultural Geographies in Practice: Performing French Folk Music: Dance, Authenticity and nonrepresentational theory. *Cultural geographies*, 11 (2), 2004.

同区域的家庭成员维系家庭网络和增强凝聚感的重要文化策略"[①]。这种由物质或实践活动所诱发的情绪反应对于跨文化传播中的文化空间形塑同样产生影响。诸如在虚拟现实的数字博物馆中,物体的摆设位置、陈列方式,以及在视觉体验中景观依次出现的顺序,都会影响体验者的文化认知与记忆形成。

随着数字技术的发展,媒介转换正趋于完美。当未来人机交互界面演变为科技皮肤或者生物膜,身体与意识、灵魂的交互将更为直接,这也将为人类跨越文化鸿沟、实现文化融合提供新的可能。是否可以预设这样的场景:我们可以受邀进入大洋彼岸的友人家庭做客,参观家居摆设、共享午后音乐,然后在有着和煦阳光的阳台上交流对彼此文化的心得。这一切并非"真实"却有如真实,或者无声胜有声。在某种程度上,人类对身体体验追求的本质,正是媒介延伸之后的人性复归,即回归到"面对面交流"的起点,重思文化的互动、融合与创新。这也将是未来跨文化传播研究的关键转向。

[①] Rose G., Doing Family Photography: The Domestic, the Public and the Politics of Sentiment. *Ashgate Publishing*, 2012.

跨文化交际课程在远程教育领域的模式探索研究[*]

——以《跨文化交际学》为例

童 妍[**]

摘 要：在远程教育领域，传统的网上教学平台功能及教学模式已经较难适应成人学生的教学需求。笔者以《跨文化交际学》课程为例，引入构建主义理论，通过发放调查问卷、进行半结构化访谈、总结教学情况，提出网络课程教学模式改革的思路，并在实践中不断探索。在教学组织、信息化手段运用和课程评价方面实现由"教师为中心"转向"学生为主体"，由"讲授式教学"转向"任务导向式教学"，由"单一平台学习"转向"多手段构建师生互动空间"，最终达到提升教学质量、推动课程教学改革的目的。

关键词：建构主义；跨文化交际学；教学模式改革

一 研究背景

《国家中长期教育改革和发展规划纲要（2010 – 2020 年）》提出

---

[*] 本文系广东开放大学教育教学研究与改革项目：基于建构主义的网络课程教学模式改革实践探索（项目编号：JG201611）的研究成果。

[**] 童妍，文学硕士，广东开放大学文化传播与设计学院讲师。

"创新人才培养模式要深化教育教学改革，创新教育教学方法，并要强化信息技术应用，提高教师应用信息技术水平，以更新教学观念，改进教学方法，提高教学效果"。

在远程教育领域，传统的网上教学平台功能及教学模式已经较难适应成人学生的教学需求，以微课、慕课、翻转课堂为代表的新的资源呈现形式和教学方法给远程教学带来改变。这不但为我们资源建设打开了新局面，更对开拓教学思路、厘清教学方法带来了新方向。

《跨文化交际学》是文化产业管理专业的核心课程。前几个学期主要采取依托网络平台、开展主题教学活动、辅助面授的方式进行教学。在取得一定教学成果的同时，也发现了课程资源组织方式不够优化、课程教学活动参与度不高、课程一体化设计不够清晰、学生主动交互不足等问题。为改善教学现状、解决课程教学面临的困境，借助建构主义理论的观念和思想，一方面，厘清结构性知识和非结构性知识在教学过程中为学生能力的养成所提供的各自不同的作用，另一方面，探究在自主学习过程中不同学生思维过程和行动能力对课程学习产生的不同学习效果，以期转变教师与学生的主体角色，满足学生的个性化学习需求，加强课程的实用性。

二 建构主义的教学理论

建构主义教学论认为学习不是单纯阅读、理解书本上的内容，而是在学习者原有的知识、经验基础之上，生成新的意义、建构理解的过程，其核心思想主要表现在以下几个方面。

1. 教学目标

建构主义强调发展学生的主体性。在建构主义看来，学生是信息加工的主体，是意义的主动建构者，而不是外部刺激的被动接受者和被灌输的对象①。教师的讲授和书本上的内容提供一些信息和思路，学生在学习的过程中需要主动搜集并分析所有相关的资料，充分发挥主体作用，积极探索、建构知识的意义②。不仅要掌握知识，更要了解其在不同语境下的变化规律。因此，在教学活动中突出学生的主观能动性极为重要。

2. 教学原则

建构主义教学原则主要由建构性原则、主体性原则、相互作用原则三个部分组成。建构性原则强调在教学中应遵循学生认知规律进行教学设计，变传统的"满堂灌"为启发学生直观思维能力。主体性原则指在教学中应采取各种有效手段，激发学生参与热情，结合已有的经验，不断吸收、整理、归纳，建构自己的知识认知结构。相互作用原则指在教学过程中，不断进行实践活动，充分调动学生的视觉、听觉、大脑、感官等多种模式。

3. 教学模式

与传统教学模式学生被动听取教师讲授不同，建构主义教学论提倡以学生为中心，以学生已有的知识和经验为基础，提升学生的主体意识。为此，提出了多种教学模式。其中包括小组合作，帮助学生形成学习动机的交互式教学模式，重视专家在学生获取知识以及运用知识解决问题的学徒式教学模式，主张在实践活动中进行学习、在具体情境中评估学习效果的抛锚式教学模式以及强调让学生自己在学习过程中发现冲突－探索问题－解决问题的问题解决式教学模式。

4. 教学设计

传统的教学设计多关注教法，而忽略了学生的学法，以致学生被

---

① 屠大华主编《现代教育理论》，华中科技大学出版社，2002。
② 王晓茜：《建构主义教学论探析》，《教育探索》2006年第11期。

动接受理论灌输，不能很好地发挥创造力。建构主义教学论的核心是以学生为中心，强调学习者的主观能动性，而教师应作为活动的组织者、知识建构的帮助者。为此，教学设计的内容与步骤包括：分析教学目标－创设合适情境－设计信息资料－设计学生自主学习－设计协作学习环境－设计学习效果评价，通过以上内容与步骤，增强学生学习的自主性、积极性、创造性，达到建构教学的效果[①]。

三 建构主义教学论在跨文化交际学课程设计中的运用

《跨文化交际学》是高校本专科都会开设的通识类课程。科技发展带来的全球化浪潮，已经使不同文化之间的语言交际成为当今世界的常态，正因为如此，语言交际与文化之间的关系也就变得越来越密切，而因为文化差异所导致的跨文化沟通的误解和冲突也就变得越来越突出。现在各个国家的语言交际研究者都在进行跨文化语言交际的研究。学习跨文化交际不仅能提升学习者在职场上的就业竞争能力，还能提高工作中的组织协调能力、管理沟通能力和社会交往能力。因此，对于在校学生和职场人士来说，提高跨文化交际能力、学好跨文化交际课程意义重大。课程具有鲜明的实用性特点，学生的交际能力是否提升是衡量他们对理论知识掌握的重要标准。近两学期，笔者在教学过程中引入建构主义教学模式，采取以学生为中心、以学生综合能力养成为导向、以典型的项目为线索、以归纳总结为手段、以树立多维文化观为目的的策略，着力于在课程教学中创设跨文化交流的情境和切换多维文化视角，取得了较好的效果。

---

① 王晓茜：《建构主义教学论探析》，《教育探索》2006 年第 11 期。

1. 设计网上教学资源，科学引导学生自主学习

当前，关于"跨文化交际学"的论著、教材较多，这类教材理论体系完备，科学性强，主要内容包括交际学的对象、学科性质、功用和研究方法，是这一理论框架下的交际规律研究。然而理论性太强，研究方法复杂，不符合网络课程的实用性要求。

为解决教材内容理论深奥、内容与实际生活关联不大、案例过时等问题，笔者运用互联网手段，搜集最新时事话题、科研成果，结合自身实践经历，更新每单元的案例，加强课堂教学的趣味性。邀请跨文化研究中心主任、上海大学庄恩平教授，立足学情、校情，共同编写《跨文化交际学》系列电子版教材，设计语言与文化、非语言交际、沟通差异、姓名与称谓、职场中的跨文化调整等七个模块，每个模块配备导学、讲义、动画课件、案例、单元练习和授课视频，上传到 Moodle 教学平台，供学生自主学习。帮助学生更新知识储备，拓展国际视野，培养跨文化素养，提高跨文化交际能力，以便更好地适应社会环境与职业要求。导学模块中明确每个单元的学习目标和学习方法，让学生可以根据自己的实际情况灵活安排时间自主学习。同时增设直播课堂、作业互评、线上测验等实时互动环节，教师定期辅导答疑，借助信息化手段拓展学习时间与空间，达到教学资源的合理化运用。

2. 遵循认知规律，三阶段提高学生跨文化交际能力

根据两个学期的学情调研与教学反思可知，提高学生的跨文化交际水平需要从三个阶段入手（见表1）。

遵循学生的认知规律，按照由浅入深、由易到难的顺序确定教学内容，融合语言能力培养和交际能力培养两个部分。从基础认知的现象分析入手，通过角色扮演、小组讨论等形式逐步培养学生心理上对语言与文化的欣赏。从跨文化阅读到分析材料、口语、写作能力进行

较全面的训练，一定程度上克服畏难心理，解决学习新知识时语言和思维混乱的状况，提高学生的交流沟通能力。

表1　学生跨文化交际水平需求

理论认知阶段	情感培养阶段	能力运用阶段
了解语言和文化的关系 了解中西文化的差异 加深对汉语、英语两种语言的理解 理论上理解中西文化的区别	培养由内而外接受、尊重和欣赏不同民族文化的感情 理论上分析文化差异 建立自尊、自信和自我调节的能力	书面训练语言文化表达能力 口头训练培养跨文化交际综合能力

3. 组织教学模拟，以任务导向推进领会贯通

在教学中突出实践性，以学生综合素质的养成为导向，明确课程目标，以典型的项目为线索确定课程结构。运用任务导向法的教学手段，把课程分为"宽心看世界，了解跨文化交际""为何正确表达不被理解""你知道你是怎样沟通的吗""如何与外籍上司沟通"等七个模块，每个模块又细化为不同的子任务，循序渐进，引导学生建构自己的认知体系。笔者在每个章节按照专题名称配备相应的跨文化交际案例（例如跨国国际交往的礼仪、留学生的苦恼、谁会最先得到晋升），以解决每个任务为导向，在向学生介绍文化差异的同时，引导学生运用跨文化理论分析导致文化冲突的实际原因，从而共同找到具体问题的解决办法。

理论知识的讲解是为了更好地促进学生掌握知识进行课程交互，从而建构自己的认知体系。为了检测学习效果，教师可以设定恰当情境组织教学模拟，例如在第三单元设计了"问路""点餐"环节，在第五单元设计了以小组协作的方式完成情景剧角色扮演（外教 Litz 邀请你和其他两位留学生在周六晚去参加她的家庭聚会，请扮演 Litz 夫

妇、留学生甲、乙、其他客人,从电话邀请开始设计一段剧情),在第六单元设计了"外企职场的跨文化冲突主要表现在哪些地方""哪些电影或小说反映了跨文化家庭的中西文化差异"等有趣的话题讨论。每组学生完成案例项目展示之后,教师及时给出反馈,并请其他学生进行小组互评,选出你心目中表现最好的一个小组或一位学生。教师作为教学的组织者,从一味地灌输知识转变成引导学生创造性解决问题。以学生已有的知识和经验为基础,提升学生的主体意识和创造力,从而达到建构教学的效果。

从日常生活中、工作中搜集例子,通过对大量事例的分析让学生了解到一些行之有效的小技巧,运用在跨文化交往中。通过加强实践环节的学习,让学生真正掌握一部分交际常识,比深奥的科学理论更为直接有效。

4. 信息化手段构建师生互动空间,促进课堂内外衔接

把新媒体新技术引入课程教学,不仅有利于调动学生学习的积极性和参与度,更有利于实现时效性,结合热点话题,做到与时俱进。目前在教学中主要运用三个平台:一是 Moodle 网络教学平台,丰富优质的资源为学生提供自主学习支持。交流区域设置的"每天一个跨文化沟通小技巧"板块,在日常生活中收集经验,以接龙的方式,鼓励学生自行编辑、上传关于"沟通、交际知识"的文本或视音频,丰富板块内容。二是课堂信息化平台,采用"雨课堂"辅助教学,实现直播课、实时话题讨论和情景剧演绎。雨课堂记录学生参与课堂教学的全过程,还能保存小组作业,与以往单一教学平台相比,极大地调动了学生课堂参与的积极性与主动性。三是微信交流平台,通过微信和微信群及时解决学生学习中遇到的问题和日常交际活动中存在的困惑,在这一过程中,教师可以动态检测学生的交际能力,潜移默化地影响学生为人处世的习惯和思辨习惯。

5. 推行多元化考核评价体系，提高学生综合素质

本课程结合网络课程学习的特点，关注学习过程，注重技能训练，对学生的评价与考核采用教师评价与小组互评相结合、过程性考核与终结性考核相结合的多元化考核评价体系，见表2。

表2 多元化考核评价体系

考核阶段		考核内容与量化标准	方式	权重
过程性考核	基本素养	通过Moodle教学平台的课程进度跟踪统计学生的任务完成度	考查	5%
	面授考勤	全勤（10），缺勤一次（8），缺勤两次（6），缺勤三次（4），缺勤三次以上（0）	考查	10%
	平时作业	学生上传到网络平台的作业质量（平时作业以学生表达为主，辅之以必要的理论作业）	考查	20%
	课堂实践	情景模拟剧、话题讨论、辩论赛等，综合小组互评与老师评价，结果包括高质量完成（20）、良好（16）、中等（12）、及格（8）	考查	15%
终结性考核	期末考试	重点考查学生认识问题、分析问题能力，进行理论联系实际，采用口语表达、论述、经典案例材料分析的方式	考试	50%

6. 教法、学法并重，引导学生在学中做、做中学

（1）教法。在教学中，主要运用了任务导向教学法、案例分析法、示范教学法、多模态教学法、结构化教学法和线上线下混合式教学法。《跨文化交际》是一门实用型课程，在教学过程中除了使用常规的任务型教学法、听说教学法外，笔者还重视过程体验大于结果，尊重学生的认知规律和表达意愿，借助雨课堂、Moodle网络学习平台、手机软件等信息化手段，实现图示、声音、触觉、角色扮演并存的多模态教学法。利用多种渠道和方式来调动学生多个感官协调运作，共同参与语言学习。教师亲身示范，通过自己的语言、声音、动作，引发学生相应的行动，使他们通过模仿有成效地掌握必要的技能。

此外，案例教学法和课堂实训法也是本门课程使用较多的教学方法。在每一章节概念性内容讲述之前，引用典型案例，有针对性地进行分析讲解。案例教学模拟真实问题，让学生综合利用所学的知识进行分析、判断和决策，从而提高学生分析问题和解决问题的能力。同时设定情景，引导学生模拟实训，充分调动学生的学习积极性和主动性，提高了分析问题和解决问题的能力。

（2）学法。主要运用到讨论法、合作探究法、比较学习法和学练结合法。以4~6人组成合作小组，将实践任务分配到每个小组，引导学生一起工作。小组成员之间的协作程度和最终展示决定了项目完成的质量。这种学习方法不仅能培养学生的交流、沟通和合作的意识与能力，还能相互启发，增强理解。采取形式多样的训练形式，例如情景模拟、实景演练，面授课堂上进行讲故事接龙、两分钟演讲等，使学与练、理论与实践真正结合起来，以学生的实际应用能力来验证教学效果。

四 教学实践的反思与启示

1. 实践效果

通过发放问卷，对课程教学内容、教学方法、教学需求、教学改进等四个构面进行调查，近三个学期的学生对课程总体评价较高，对课程教学内容满意度达到91.5%。

81%的学生认为"课程资源很丰富，能够满足学习者的自学要求"，"在网络课程上进行测试可以及时获得反馈与评价"；91%的学生认为"我所学的对于提高我的专业技能很重要"；84%的同学认为网络课程界面改版后导览更清晰，符合大多数学生的审美标准。

通过线上线下访谈发现，大部分同学对建构主义的教学论认可度较高，大部分同学认为多平台交互更便于学生与学生之间、学生与老师之间进行交流，多元考核机制提高了学生的自主性和参与度。同时，也有同学对课程内容提出希望对当前出现的文化现象进行深入比对探讨的建议，以及对流行文化中跨文化现象、原因进行探讨的建议。另外还有9%的同学认为教学环节中互动与测验的安排稍多，耗时较长。

2. 反思

为了让基于建构主义的网络课程教学模式改革取得更好的效果，笔者认为还应该在以下几个方面做进一步的努力。

（1）教学安排紧，应加强启发式教学。应加强对跨文化交际现象背后各种文化特点的提炼和概括，辅助学生在没有附加信息的情况下，能够通过对文化特点的了解，掌握交际三大要素。同时根据反馈了解当前学生喜欢的教学方法和信息接收渠道，改进教学过程。

（2）课程跨度大，专业知识多，应加强跨学科学习。课程融合了语言、文化、交际等相关方面知识，学生在背景知识的储备、运用上明显不足。加强《跨文化交际》课程与其他语言、文化类课程的交互、学习也显得尤为重要。多学习多交流，系统化、综合化地掌握课程内容及文化背景，以便帮助学生在掌握理论知识的基础上勇于实践，在实践的过程中欣赏相似、尊重差异、理解冲突，更好地促进跨文化沟通。

（3）培养教学机智，提高教师教育信息技术水平。教师在讲授与学习的过程中不断沉淀、发展，积累一定的经验和教育艺术，以此更好地促进教学机智。网络课程的教学更需要教师具备教学机智，能够敏锐地捕捉各种信息，根据学生的需要，灵活调整教学策略。

混合式的教学方法也需要教师具备熟练使用各种信息化手段的技能。例如使用Camtasia studio视频制作软件、Focusky软件、Articulate studio电子课件制作软件等进行微课录制、视频剪辑、动画课件制作，从而整合丰富教学资源。现代教育技术的熟练掌握与运用对于文科类教师而言，显然有较高难度。为了解决这些问题，一方面，课程责任教师可以在教学团队中增加一到两名专业人员，作为技术指导，以确保教学各环节顺利进行；另一方面，可以多参加高校举办的现代教育技术培训班、网络教育专题培训等，培养自己对现代教育信息技术知识的掌握、分析、使用、创造等核心能力。

影视剧中的文化符号与认同构建研究*

——以电影《照相师》为例

龙靖宜**

摘 要：本文以文化符号学、传播符号学及影视媒介等理论为研究基础，重点研究文化符号在影视剧中的影像呈现及认同构建问题。因此，本文以深圳改革开放40周年献礼电影《照相师》为研究对象，通过分析影片中岭南文化符号与深圳城市新文化符号的表现形式与传达效果，探讨其在实现文化认同构建过程中的路径与方法。本文旨在凸显影视剧在文化传播中的重要性，进而推动粤港澳大湾区构建区域认同，促进湾区文化建设及互动发展。

关键词：影视剧；文化符号；文化认同；岭南文化；深圳

广东省位于我国南部沿海，不仅是国家改革开放的试验田，拥有深圳、珠海和汕头三个经济特区，紧邻香港和澳门两个特别行政区，而且是国家经济发展的前沿阵地，更是我国文化产业发展大省[①]。自

---

* 本文系广东开放大学校级科研青年课题《影像中的广东——关于影视剧中的文化认同研究》（项目编号：1712）的研究成果。

** 龙靖宜，传播学硕士，广东开放大学文化传播与设计学院讲师，上海交通大学媒体与传播学院访问学者。

① 刘建维：《推动广东文化产业发展实现更大跨越》，http://gd.people.com.cn/BIG5/n2/2017/0511/c123932-30164621.html（访问时间：2020年11月15日）。

2019年中共中央、国务院正式印发《粤港澳大湾区发展规划纲要》[①]以来,广州、深圳两市不断发挥粤港澳大湾区中心城市的区域发展核心引擎作用,大力推动湾区成为充满活力的世界级城市群。而粤港澳大湾区地处岭南地区,岭南文化也成为湾区文化产业发展的重要基础与创新源泉。

同时,习近平总书记强调指出:"一个国家、一个民族的强盛,总是以文化兴盛为支撑的,中华民族伟大复兴需要以中华文化发展繁荣为条件。"20世纪80年代末90年代初期,广东出品了一批优秀的影视剧,如《公关小姐》《商界》《外来妹》等优秀电视剧,在当时引起了全国性轰动,让全国人民深入了解了广东城市与岭南文化。随着数字化时代的到来和新媒体的诞生,广东在动画动漫方面逐渐崛起,出品了诸多具有经济效益的动漫电影,如《喜羊羊与灰太狼》《巴啦啦小魔仙》《熊出没》等。但是,在传统影视制作、内容取材、影视剧拍摄地等方面已经落后于北京、上海、浙江等省市,而反映广东岭南文化和精神风貌的影片更是少之又少。如今,进入中国特色社会主义新时代,作为文化产业的重要组成,影视剧不仅是文化呈现与文化输出的重要路径,也是推动湾区文化建设的重要手段。如何利用影视手段传承岭南文化、展现湾区新文化风貌是湾区推进文化建设过程中亟待解决的问题。因此,本文将挖掘影视剧中的岭南文化元素与粤港澳大湾区新文化元素,重点研究文化元素在影视剧中符号化的过程及文化认同的构建。

一 理论基础与研究脉络

本文基于文化符号学、传播符号学及影视媒介等相关理论,分析

---

① 《中共中央国务院印发〈粤港澳大湾区发展规划纲要〉》,http://www.gov.cn/xinwen/2019-02/18/content_5366593.htm#1(访问时间:2020年11月15日)。

文化符号在影视剧中的影像呈现，进而探讨文化符号在影视剧中的认同构建问题。

1. 文化符号与文化认同

符号是一种可以被人们所理解、指向另一物或一个信号的物象。[①] 符号学奠基人索绪尔认为符号是用于表意的，由能指与所指构成。[②] 能指可以理解为通过感官所认知的符号的物质形式，而所指是符号使用者对符号所涉及对象形成的心理概念。[③] 在传播学的研究视域下，人与符号的互动是传播行为的基本结构与范式。人们通过符号的交换，实现互相理解、达成共识、传递意义。霍尔的"编码－解码"理论指出，传者基于特定的编码规则将符号通过媒介传递给受众，而受众又通过自己的解码系统将符号进行解释与理解，由此完成传播过程，如图1所示。

图1 "编码－解码"的传播过程

就文化而言，文化符号是文化的重要内容，也是文化交往的媒介和工具，更是社会文化变迁发展的重要标识。卡西尔认为，人的本质就在于运用符号去创造文化，而文化符号或者文化符号系统就是文化的"象征形式"。[④] 文化特有的象征符号或符号体系代表了其自身的内涵、精神、价值以及外在的表征，人们正是在这样的符号化世界中寻

---

① 〔德〕安斯加·纽宁、〔德〕维拉·纽宁：《文化学研究导论：理论基础·方法思路·研究视角》，闵志荣译，南京大学出版社，2018，第55页。
② 冯月季：《符号、文本、受众：媒介素养研究的符号学路径》，《徐州工程学院学报》（社会科学版）2018年第4期，第101～105页。
③ 〔美〕约翰·费斯克等编撰《关键概念》，李彬译注，新华出版社，2004，第262页。
④ 〔德〕安斯加·纽宁、〔德〕维拉·纽宁：《文化学研究导论：理论基础·方法思路·研究视角》，闵志荣译，南京大学出版社，2018，第55页。

求生存、展开生产,并持续创造更多符号,推动文化发展与文明进步。当人们"使用同样的文化符号,遵循共同的文化理念,秉承共有的思维模式和行为规范"[1],就形成了文化认同。简言之,文化认同就是对人与人、人与群体之间的相同文化的确认与认可,而人们也正是通过文化符号或文化符号系统来建立文化认同的。

2. 文化符号与影像呈现

麦克卢汉认为"媒介是人的延伸"[2],不同的媒介具有不同的特征,也对人们进行符号互动、意义交换、认知理解的过程产生一定影响。随着数字时代的到来与新媒体的不断涌现,视觉影像在传播过程中的作用越来越重要,对于文化传播亦如此。复旦大学教授孟建曾说,"在以语言为中心的文化形态中,占据主导地位的是语言符号的生产、流通和消费,而在以形象为中心的文化中,影像符号生产的价值格外引人注目"[3]。大众对符号和影像的消费也逐渐成为文化消费中的重要组成部分。作为影像媒介中极具表现力、冲击力、感染力的影视剧,将视觉文化符号,如建筑物、景观、标识、色彩、人物等,与影片的叙事手法相结合,通过构建角色的个性特征与故事发生的空间环境,增强故事张力、吸引观众眼球,进而引发共鸣。

本文基于任世忠[4]、王琴[5]、洪晔[6]等学者关于文化符号的研究,

---

[1] 崔新建:《文化认同及其根源》,《北京师范大学学报》(社会科学版) 2004 年第 4 期,第 102~107 页。
[2] 〔加〕马歇尔·麦克卢汉、〔美〕昆廷·菲奥里、〔美〕杰罗姆·阿吉尔:《媒介即按摩:麦克卢汉媒介效应一览》,何道宽译,机械出版社,2016,第 24 页。
[3] 刘霜:《影视文化符号建构与传播》,《传播力研究》2019 年第 1 期,第 40 页。
[4] 任世忠:《城市文化的符号化表达及其发展路径》,《文化产业》2020 年第 7 期,第 106~108 页。
[5] 王琴:《岭南文化元素在影视作品中的传播》,《青年记者》2017 年第 2 期,第 68~69 页。
[6] 洪晔:《城市文化符号系统与城市文化传播》,《传播力研究》2019 年第 20 期,第 7~8 页。

结合影视媒介的特征,以感知、认识文化符号的方式作为划分维度,将影视剧中呈现的文化符号分为视觉文化符号与听觉文化符号两大类(见表1)。一是通过视觉观看可以认知的文化符号。其中,根据影视剧的影像画面呈现特点,文化符号又分为静态视觉文化符号与动态视觉文化符号。其中静态视觉文化符号主要指客观存在的物质化符号,如建筑、景观、标识、文字等,通过静态呈现就可以让观众直接感知、认知的具象符号;而动态视觉文化符号则是需要通过人的行为、活动呈现或影像动态叙事表达出来的观念性或制度性符号。二是需要依靠听觉感知的文化符号,主要包括影视剧中角色语言、影视音乐及剧中所存在的自然或人为的环境音响。

表1 影视剧中文化符号呈现方式

类型		文化符号呈现方式
视觉	静态	建筑、景观、标识、文字、服饰、饮食、风俗、节庆仪式、艺术品等
	动态	风俗习惯、思想认识、心理状态、思维方式、价值取向、审美情趣等
环境音响		语言、音乐、环境音响等

影像内容、任务设定、表达技巧、叙事手段都是影视剧中连接不同符号的桥梁。通过展现符号之间的互动,实现具有戏剧性的叙事,为观众提供足够的心理想象空间,进而完成对文化的意义构建。因此,影视剧中文化符号可以让受众通过视觉、听觉,在认知、态度、情感与观念形成上达成共识,对文化意义进行重新解读,建立文化认同,形成社会集体记忆。

二 电影《照相师》中文化符号与文化认同

作为一部深圳改革开放40周年献礼的主旋律电影,《照相师》通过展现深圳土生土长的照相师蔡祥仁一家三代人在改革开放背景下的不凡奋斗史,反映了时代的变迁与深圳城市的发展。深圳既是粤港澳大湾区的核心城市之一,又是中国具有代表性的国际化都市之一,兼具传统岭南文化与中国现代文化元素,并逐渐形成了具有传统、传承、融合与创新特点的深圳城市现代新文化。

1. 传统岭南文化与深圳城市文化

岭南是一个历史范畴的概念,目前指我国南方五岭以南地区,面向太平洋、毗邻东南亚各国,包括广东、广西、海南、香港、澳门"三省两区"。由于在历史发展中,岭南地区远离中原政治、文化中心,所以岭南文化得以很好地延续与传承,保持了自身的原生性与鲜活性。[①] 同时,得天独厚的沿海优势又造就了岭南文化的开放性,形成了融合海洋色彩、南洋风情、侨乡特色等个性于一身的特色文化,并以多元、务实、开放、兼容、创新等特点成为中国传统文化的重要组成部分。岭南文化涵盖文学、艺术、建筑、民俗、宗教、饮食、语言、侨乡文化等众多内容。例如,清代出现"岭南三大家"和"岭南七子"等大批诗人;岭南古琴、潮州音乐、粤剧、粤绣、广彩、广雕等都是岭南艺术瑰宝;广府民居、客家围龙屋以及骑楼等都独具岭南特色;粤菜与功夫茶是岭南饮食文化的重要内容;岭南民俗中的除夕花市、醒狮、龙舟、麒麟舞等活动也享誉全国;更是有咏春拳宗师叶问、南拳派黄飞鸿等多位中国功夫代表人物。

---

① 周全华:《岭南文化的"变"与"不变"》,《人民论坛》2019年第19期。

深圳作为中国改革开放后的新兴城市,在 2018 年首次进入"全球化与世界城市研究网络"(GaWC)编制世界城市名册"Alpha-级"①,意味着其已经跻身"世界一线城市"。"经济特区""科创典范""现代""多元""先锋""活泼""先导""前卫"等词②③④⑤,既是深圳文化标签,又是深圳城市文化的重要内涵。深圳开放兼容的个性也让诸多岭南文化习俗与传统得以保留,如麒麟舞、大盆菜、赛龙舟等,同时又在不断接纳各国各地、各式各样的文化,逐渐形成了多元、宽容的城市文化和"敢为天下先"的城市精神。因此,也诞生了诸多深圳新文化符号,如以深南大道、地王大厦、深圳国际金融中心大厦等为代表的"深圳速度"地标,以华强北、前海为代表的深圳创新先锋地标,以梧桐山、红树林、莲花山等为代表的深圳自然景观地标,以深圳博物馆、中英街、深圳大学等为代表的深圳历史文化地标,以华侨城、世界之窗、欢乐谷等为代表的深圳文化创意地标等。

2. 《照相师》中文化符号呈现与文化认同构建

电影《照相师》时长 1 小时 40 分钟,以重要时间节点为划分,通

---

① 注:GaWC 的世界城市分级系统根据城市融入世界城市网络的程度设立了 Alpha、Beta、Gamma 3 个级别,每个级别中又分出三到四档。全球进入 Alpha 级的城市总数仅 55 个,通常被誉为"世界一线城市"。2018 年报告中,中国内地有四个城市进入 Alpha 级:北京(Alpha+)、上海(Alpha+)、广州(Alpha)和深圳(Alpha-)[来源:康磊:《深圳国际城市形象:域外"专家意见"与"大众感知"》,《深圳大学学报》(人文社科版)2020 年第 2 期,第 41~49 页]。

② 康磊:《深圳国际城市形象:域外"专家意见"与"大众感知"》,《深圳大学学报》(人文社科版)2020 年第 2 期,第 44~49 页。

③ 吴俊忠:《提升深圳城市文化品位的思考与对策》,《深圳大学学报》(人文社会科学版)2004 年第 1 期,第 10~16 页。

④ 夏枫:《文化深圳文化中国——"文博会"电视宣传片创作谈》,《新闻知识》2007 年第 10 期,第 77~78 页。

⑤ 汪田霖、吴忠:《论深圳文化品位的提升》,《深圳大学学报》(人文社会科学版)2005 年第 2 期,第 25~30 页。

过叙述照相师蔡祥仁一家人的生活变迁，展现了深圳从1978年到2018年的城市发展历程。电影中出现了诸多具有代表性的传统岭南文化符号及深圳城市文化符号，不仅起到推动剧情发展的作用，更是在电影中构建了对传统岭南文化及深圳现代城市文化的认同。

（1）静态视觉文化符号与文化认同构建

静态视觉文化符号在影片中作为背景、道具等内容出现，为影片的故事推进设置了岭南文化与深圳城市文化的大环境。

影片出现了诸多代表深圳的建筑与景观，不仅凸显深圳处于岭南文化影响下的地理区位，而且成为记录深圳发展的历史印记。主角一家人最初住在犹如"沙井古墟"一般的岭南渔村，街巷格局呈现"鱼骨状"，与多次出现的祠堂共同凸显岭南建筑特色。影片中出现的中英街，见证了深圳与香港的发展，也成为深圳发展历史中最具代表性的文化符号之一。随着经济增速与城市发展，旧民居逐渐被拆迁，新的高楼如雨后春笋般出现，因此影片通过呈现罗湖站、深南大道、深圳湾、前海、深圳大学、深圳戏院、深圳市民广场、华润总部大厦等城市新地标，在空间环境上展现深圳文化面貌，以获得观众在视觉感官上的文化认同。

饮食、器物等静态视觉文化符号也在影片中起到烘托岭南文化及深圳新文化氛围的作用。首先，广东有着"无汤不成席"的说法，煲汤也成为广东饮食文化的标志之一。在影片有关饮食的镜头中，几乎每顿饭都会出现汤，并且饭桌上多次出现煲汤锅，此举在环境设计与剧情合理上实现了对岭南文化的认同。其次，作为影片中的重要道具，功夫茶及茶具出现在街坊邻里家中做客、日常居家消遣及招待工作伙伴等场景中，成为又一岭南文化标志性视觉符号。最后，"云吞"字样的招牌、开业利是（利市）、麒麟舞道具等都成为影片中典型的岭南文化静态视觉符号，构建出浓郁的岭南文化氛围。此外，影片中出现的中山装、拨盘电话、永久自行车、花衬衫、喇叭裤、波浪卷发型等镜头，都是深圳时尚文化的写照，体现了当时深圳的前卫且开放的城市文化。

（2）动态视觉文化符号与文化认同构建

影片《照相师》中的动态视觉文化符号主要通过呈现岭南文化风俗习惯和表现深圳人思想认识、价值取向来构建观众对影片中的文化认同。

在南国照相馆开业的场景中，出现了舞麒麟这一岭南传统民俗活动，成为影片中最具代表性的动态视觉文化符号。广东地区素有"西狮东麟"的说法，即以珠江为分界，西岸流行舞狮子，东岸流行舞麒麟。据记载，深圳舞麒麟的历史已有300多年。[①] 这一影片场景的呈现，直接展现了深圳文化的岭南特色。此外，影片也展现了岭南婚丧嫁娶的仪式活动，使影片故事在岭南文化环境下逐渐推进。

影片中的动态视觉文化符号也可以通过人物思想认识、价值取向的变化呈现出来。如影片展现的南下打工潮、排队抢购新股、创业经商、尝试写真艺术、接纳外国孙媳妇、迎合潮流文化等动态叙事，都体现了深圳作为改革开放前沿阵地的包容、开放与创新的文化内核。同样，也正是这些在深圳奋斗的人们身上具有着独立自主、勇于创新的精神，才使深圳的宽容文化深入人心。

（3）听觉文化符号与文化认同构建

听觉文化符号可以在影片构建认同的过程中起到强化与助推作用。语言、音乐与音响共同构成了影片《照相师》中的听觉文化符号。

语言呈现的听觉文化符号主要是通过角色的台词与语言表达来实

[①] 《从传说中的上古神兽到龙岗舞麒麟，这些故事你根本想不到》，https://www.sohu.com/a/313921158_170623（访问日期：2020年11月20日）。

现的。例如，剧中儿媳在一次聚餐之后，其台词直接点明深圳文化名片之一——"这里是科技之城"。又如影片通过孙子之口，将"80后""90后"眼中的深圳发展变化以说唱的形式直接呈现出来，"深圳速度""经济特区""自主创新""低碳环保"等具有标签性的词也可以视为深圳现代新文化符号。此外，说着一口纯正普通话的美国孙媳妇与讲着湖南普通话的出租车司机，也都是深圳外来移民、多元文化的重要代表。

影片中的音乐是推动故事展开、烘托文化氛围、构建文化认同的重要手段。剧中爷爷在修补照片时听的是传统粤剧，儿子青年时听的是《大侠霍元甲》，儿媳在家中听的是《跟着感觉走》，孙子在 KTV 唱的是《有没有人曾告诉你》，不仅凸显了老中青三代人不同的音乐品味，也体现了不同时代的文化特征。其中，音乐在中英街场景片段中的认同构建作用尤为突出：儿子初到中英街时的背景音乐是邓丽君的粤语歌曲《漫步人生路》，当儿子入关回到深圳后，音乐变为邓丽君的普通话歌曲《小城故事》，两首歌曲不仅是粤语与普通话之间的转变，更是歌曲反映出的时代背景与文化内涵，以此凸显当时香港、深圳两地的经济差距与文化差异。

除此之外，音响也在影片中完成了辅助构建文化认同的重要任务。贯串全影片的"咔嚓"相机拍照声是定格深圳历史、记录城市发展的阶段性标志。而拆迁爆破声、嘈杂汽车声、轰鸣机器声、敲击键盘声等环境音响，无一不展现了"深圳速度"，同时也从侧面烘托出深圳忙碌的生活节奏。

三 结语

影片通过对角色全方位的塑造，用叙事手法将静态视觉文化符号、动态视觉文化符号与听觉文化符号串联起来,立体地展现了深圳的多元文化特色[①]:爷爷身上老实本分、勤俭持家的特质象征了深圳的"岭南传统";儿子对摄影艺术的追求代表了深圳的"艺术氛围";儿媳敢闯敢拼、执念坚韧体现了深圳的"金融生态";孙子独立自主、勇于突破展现了深圳的"创新科技"特色;孙媳妇美国人安妮入乡随俗、融入深圳则体现深圳的"开放包容"。影片通过多种文化符号的呈现与互动,经过电影艺术的加工,经历"未审-搜索-完成"的文化认同阶段[②],完成了对深圳现代新文化的认同构建。

文化是一座城市、一个地区、一个国家的精神象征。文化认同是激发文化自觉、建立文化自信、弘扬传统文化的基础,也是推动粤港澳大湾区建设工作的重要纽带。因此,构建区域文化认同与湾区建设密不可分。而影视剧展现出的"意义输出"和"认同力量"特性,不仅是湾区未来文化建设的重要内容与重要手段,更是我国影视剧应该努力的发展方向和路径。

[①] 《〈照相师〉:讲述老百姓自己的故事》,来源:https://baijiahao.baidu.com/s?id = 1619794999505340167&wfr = spider&for = pc(访问日期:2020 年 11 月 20 日)。

[②] Phinney 认为文化认同的形成通常经过三个阶段:文化认同未审期,人们在这一时期会将自己的文化视为理所应当并完全接受;文化认同搜索期,此时人们会开始思考自己与周围事物的关系,并对自己原有的文化产生怀疑;文化认同完成期,人们成为对两种甚至多种文化有着认同感的"多重文化人"。参见陈国明编著《跨文化交际学》,华东师范大学出版社,2009。

征稿启事

《文化力研究》是由广东开放大学"文化力研究中心"主办的专业学术集刊,本集刊旨在开展文化力理论方面的研究,着力构建具有中国特色的文化力理论体系。本集刊已加入社科文献出版社"中国集刊",第一辑已于2019年9月出版,现启动第二辑的征稿工作,诚邀海内外学人不吝赐稿。

一 稿件撰写要求

1. 字数以7000字至15000字为宜,学术价值较高的稿件篇幅不受限制。

2. 稿件内容包括题目、作者署名、中文摘要(300字以内)、关键词(4至6个)、正文、注释。注释一律采用页下注(脚注),具体格式见后附"注释体例"。基金资助的论文请在首页以注释形式标注,说明有关项目的具体名称、编号。

释例:

本文系黑龙江省博士创新科研项目"清代才学小说研究"(项目编号:YJSCX2011－405HLJ)阶段性成果。

文末附作者简介,作者简介请提供姓名,性别,单位,学位,职称，研究方向等。

3. 第二辑征稿截止日期为 2020 年 3 月 31 日。

集刊编辑部联系人：刘晓亮　联系电话：15099975650.

收稿邮箱：whlyj020@126.com

二　第二辑主要栏目设置（参考但不限于以下主题）

1. 粤港澳大湾区文化产业的发展与未来；

2. 公共文化服务体系的构建；

3. 岭南文化研究。

三　稿件格式要求

（一）正文

中文文字，除个别情况下须用繁体或异体外，请用正体简化汉字。论文题目用三号字，宋体；文中大段落的小标题居中，用五号字，黑体。论述正文用五号字，宋体；成段落的引文用楷体，退 2 格排版，与正文需空行。

（二）注释体例

本刊注释一律采用页下注（脚注），文末无需另附参考文献。

1. 引用专著

陈伯海：《意象艺术与唐诗》，上海古籍出版社，2015，第 64 页。

2. 引用文集

萧延恕：《关于古代文学教学和研究五个关系的哲学思考》，载复旦大学中国古代文学研究中心主编《第一届全国高校中国古代文学科研与教学研讨会论文集》，上海三联书店出版社，2000，第 60 页。

3. 引用论文

（1）期刊论文

丁健、张华腾：《辛亥革命结局表述的多歧性述评》，《河北经贸大学学报》（综合版）2010 年第 4 期，第 43 页。

（2）报纸论文

李乃涛：《移民文化的形态演变》，《中国社会科学报》2017 年 9 月 27 日，第 3 版。

（3）集刊论文

李晓敏：《刘师培与郭象升交往考论》，《华中学术集刊》2018 年第 1 期，华中师范大学出版社，2018，第 54 页。

（4）会议论文

刘晓亮：《经典诠释与时代关怀——以姚永朴〈起凤书院答问〉为中心》，"文化传承与国家凝聚力——2017 广东社会科学学术年会"论文集，广州，2017，第 78 页。

（5）学位论文

苗苗：《刘禹锡散文叙事研究》，硕士学位论文，兰州大学，2016，第 43 页。

4. 引用古籍（具体篇名根据行文处置，如需置于脚注，则请放在卷数后）

（1）古籍原刻本

（清）梅曾亮编：《古文词略读本》卷一，光绪 33 年（1907）陕西学务公所图书局铅印本。

（2）古籍整理本

（清）徐松撰、赵守俨点校：《登科记考》第二卷，中华书局，1984，第 37 页。

（3）古籍影印本

（清）周亮工：《赖古堂集》卷四，上海古籍出版社，1979，影印康熙刻本。

5. 引用外文书籍

注出作者、书名（斜体）、出版者、出版地、出版年、卷次和页码，注明卷次的 vol. 和页码的 p.，均为小写。

6. 引用外文报刊

注出作者、文章名、报刊名（斜体）、卷次和出版年月日。

广东开放大学文化力研究中心

2019 年 12 月 8 日

图书在版编目(CIP)数据

文化力研究. 2020 年卷：总第 2 辑／蓝天主编. --北京：社会科学文献出版社，2021.2
ISBN 978-7-5201-7928-7

Ⅰ.①文… Ⅱ.①蓝… Ⅲ.①文化研究 Ⅳ.①G0

中国版本图书馆 CIP 数据核字（2021）第 029721 号

文化力研究（2020 年卷 总第 2 辑）

主　　编／蓝　天

出 版 人／王利民
责任编辑／陈　颖

出　　版／社会科学文献出版社·皮书出版分社（010）59367127
　　　　　地址：北京市北三环中路甲 29 号院华龙大厦　邮编：100029
　　　　　网址：www.ssap.com.cn

发　　行／市场营销中心（010）59367081　59367083
印　　装／三河市龙林印务有限公司

规　　格／开本：787mm×1092mm　1/16
　　　　　印张：15.5　字数：201 千字

版　　次／2021 年 2 月第 1 版　2021 年 2 月第 1 次印刷
书　　号／ISBN 978-7-5201-7928-7
定　　价／98.00 元

本书如有印装质量问题，请与读者服务中心（010-59367028）联系

▲ 版权所有 翻印必究